Reinhold Ruthe
Wenn die Fetzen fliegen

W0096135

Reinhold Ruthe

Wenn die Fetzen fliegen

Vom richtigen Umgang
mit Ärger, Aggression,
Zorn und Gewalt

Die Deutsche Bibliothek – CIP-Einheitsaufnahme

Ruthe, Reinhold:
Wenn die Fetzen fliegen : vom richtigen Umgang mit Ärger, Aggression, Zorn und Gewalt \ Reinhold Ruthe. – Moers : Brendow, 1997
   (Edition C; M; 221)
   ISBN 3-87067-689-2

ISBN 3-87067-689-2
Edition C, M 221
© 1997 by Brendow Verlag, D-47443 Moers
Einbandgestaltung: Kortüm + Georg, Agentur für Kommunikation,
Münster (Westfalen)
Titelfoto: Mauritius / Age
Satz: Convertex, Aachen
Druck und Bindung: Ebner Ulm
Printed in Germany

Inhalt

Vorwort

Aggressionen sind ein vielfältiges Gebilde. Sie begleiten uns vom Aufstehen bis zum Schlafengehen. Es gibt gekonnte und destruktive, offensichtliche und versteckte, brutale und hinterhältige, kriminelle und verständliche Aggressionen. Wenn Sigmund Freud das Ende des 19. Jahrhunderts und den Beginn des 20. Jahrhunderts als Zeitalter der unbewältigten Sexualität bezeichnete, dann ist das ausgehende 20. Jahrhundert das Zeitalter der unbewältigten Aggressivität. Das jedenfalls behaupten Fachleute, die sich ständig mit Problemen und Konflikten des menschlichen Zusammenlebens befassen.

Wir schauen ins Fernsehen und hören und sehen von Terroranschlägen, verbrecherischen Hinrichtungen, Bombendrohungen, Überfällen und aggressiven Gewalttakten. Ganz zu schweigen von den Filmen, in denen Kinder und Erwachsene pro Tag zig Morde und blutige Auseinandersetzungen erleben.

Gewalt und Aggression scheinen die Menschen unveränderbar zu beherrschen. Seit dem Sündenfall spielt die Axt des Kain im Denken und Handeln der Menschen eine Rolle. Aus dem primitiven Mordwerkzeug wurden allerdings im Laufe der Jahrtausende Dynamit, Phosphor, Wasserstoffbomben und Atomraketen. Die Wirkungen der Aggression sind raffinierter, gefährlicher und todbringender geworden. Uns müssen die Fragen umtreiben:
– Wie haben wir Aggression zu verstehen?
– Ist die Aggression ein unausrottbarer Trieb?
– Ist der Mensch das »aggressivste Tier« dieser Erde?
– Ist der Zerstörungstrieb den Menschen von Gott in die Wiege gelegt?
– Haben wir die aggressiven und destruktiven Verhaltensmuster erlernt?
– Benutzen wir die Aggression, um uns im Leben zu behaupten?

– Sind Aggressionen destruktive Durchsetzungsmuster, die wir als Kinder, Heranwachsende und Erwachsene trainiert haben, um Macht und Überlegenheit zu demonstrieren?

Das Buch beschäftigt sich:
– mit dem Stellenwert einiger Aggressionstheorien,
– mit den Denk- und Verhaltensmustern, die in der Kindererziehung eine Rolle spielen,
– mit destruktiven Verhaltensmustern, die Erwachsene im Zusammenleben benutzen,
– mit seelsorgerlichen und beraterischen Hilfen, aggressive Umgangsmuster zu verhindern,
– und mit seelsorgerlichen und beraterischen Denkanstößen, aggressive Auseinandersetzungen in Ehe, Familie und im Zusammenleben abzubauen und aufzulösen.

Jenseits von Eden begann der Kreislauf der Sünde mit Aggression und Gewalt. Machtstreben, Aggression und Gewalt sind nicht gestoppt. Die brutalen Durchsetzungsmuster sind eskaliert. Wir brauchen Einsicht in die Zusammenhänge von Aggression, Zorn und Zoff. Wir brauchen Einsicht in die Entstehung von Haß, Wut und Feindschaft. Wir brauchen konkrete Hilfen, die destruktiven Umgangsmuster in der Kindererziehung klein zu halten. Und wir brauchen seelsorgerliche und beraterische Anleitung, bei aggressiven Auseinandersetzungen friedliche und biblisch orientierte Regeln aufzuzeigen.

Das Buch enthält viele praktische Beispiele aus der Seelsorge- und Beratungspraxis. Namen und Umstände wurden aus verständlichen Gründen verfremdet. Das Buch versucht, Christen die unverstandenen und verleugneten Wut- und Aggressionsmuster verständlich zu machen. Es enthält konkrete Hilfen zur Selbsterforschung. Es bietet Fragebögen, um den eigenen versteckten Aggressionen in Ehe, Familie und Erziehung auf die Spur zu kommen.

Zorn und Zoff sind unvermeidbar, aber wir können Umgangsmuster praktizieren, die aggressive Auseinandersetzungen verringern und auflösen.

Worte über Ärger und Zorn

Bei Westwind gibt's Regen, und bei Klatsch gibt's Ärger.

Sprüche 25,23

Ihr Männer, liebt eure Frauen, und laßt nicht euren Ärger an ihnen aus.

Kolosser 3,19

Es ist ein Irrtum anzunehmen, die Frauen machen sich schön, um den Männern zu gefallen. In Wahrheit tun sie es, um andere Frauen zu ärgern.

Marcel Aymé

Ich halte mir im Büro Goldfische. Sie machen den Mund auf, ohne daß man sich darüber ärgern muß.

Robert Lemke

Wer sich ärgert, büßt für die Sünden anderer Leute.

Konrad Adenauer

Er sprach aber zu den Jüngern: Es ist unmöglich, daß nicht Ärgernisse kommen. Wehe aber dem, durch welchen sie kommen.

Lukas 17,1

Und wir geben niemand irgendein Ärgernis, auf daß unser Amt nicht verlästert werde.

2. Korinther 6,3

Der Zornmütige begeht Torheit.

Sprüche 14,17

Eine versöhnliche Antwort kühlt den Zorn ab, ein verletzendes Wort heizt ihn an.

Sprüche 15,1

Wehe dem, der andern seinen Zorn zu trinken gibt.

Habakuk 2,15

Doch es kommt noch schlimmer für die, die sich dem Voll-kommenheitsstreben hingeben. Tief in ihrem Herzen bildet sich Zorn. Es ist ein Groll gegen das Sollte-eigentlich, gegen den christlichen Glauben, gegen andere Christen, gegen sich selbst und, was am allertraurigsten ist, gegen Gott.

David Seamands

Groll und Zorn sind abscheuliche Dinge, und nur ein sündhaf-ter Mensch hält daran fest.

Sirach 27,30

Meistens zeigt sich dieser Zorn nicht öffentlich. Er wütet im verborgenen. Weil Zorn eine schwere Sünde ist, versucht man, ihn zu unterdrücken. Der ganze Mischmasch von schlechter Theologie, Gesetzlichkeit und Errettung durch Leistung ver-dichtet sich dann im verborgenen Innern, und tiefgreifende seelische Störungen stellen sich ein.

David Seamands

Im Zorn tut keiner, was vor Gott gerecht ist.

Jakobus 1,20

Wir sollten bedenken, daß Zorn nicht nur eine gefühlsmäßige Angelegenheit ist – er ist auch biochemisch bedingt. Für Situa-tionen dieser Art ist der menschliche Körper mit einem Vertei-digungssystem ausgestattet, dem Flucht- bzw. Angriffstrieb, der den gesamten Organismus zum Kampf vorbereitet. Adrenalin wird ins Blut ausgeschüttet. Der Blutdruck steigt bei entsprechender Beschleunigung der Herzschläge. Die Pupillen erweitern sich, die Hände schwitzen, der Mund wird trocken, die Muskeln werden mit Energie geladen. Besonders zu beach-ten ist, daß diese Reaktion nicht mit dem Willen gesteuert wer-den kann... Und da Gott dieses System geschaffen hat, glaube ich nicht, daß er uns wegen dessen richtigen Funktionierens verurteilt.

James Dobson

Aggressionen
sind unschicklich ...

Ist das wahr?

Viele Menschen glauben das allen Ernstes.

Gehören Sie auch zu den Zeitgenossen, die so denken?

Bestimmte Aussagen verraten, daß wir davon überzeugt sind:

»Ich habe sie noch niemals wütend gesehen!«

»Ihre Eltern sind das Friedfertigste, was Sie sich vorstellen können!«

»Nichts haßt er mehr als rausgeschrieene Wut!«

»Sie ist die Liebe in Person. Keinem kann sie etwas abschlagen!«

»Er beißt sich eher den Finger ab, als Aggressionen herauszulassen.«

»Ein Christ ist immer beherrscht. Zorn, Wut, Ärger und Bitterkeit sind ungeistliche Verhaltensmuster.«

Jeder Satz klingt wie das Zeugnis eines Superchristen. Nicht wenige sind beeindruckt von soviel Selbstbeherrschung, Liebenswürdigkeit und Selbstverleugnung. Und doch sind die Sätze durch die Bank problematisch.

Aggressionen sind menschlich.

Aggressionen kommen auch bei Christen vor.

Aggressionen finden Sie in den besten Familien.

Aggressionen gehören zum gefallenen Menschen.

Aggressionen sind das Ergebnis von Mißverständnissen und Fehldeutungen.

Aggressionen sind unvermeidbar – ob wir es wahrhaben wollen oder nicht.

Warum verleugnen wir zornige Gedanken?
Warum können wir Wut und Bitterkeit nicht zugeben?
Warum halten wir Meinungsverschiedenheiten für unangebracht?
Warum lehnen wir Ärger als unhöflich ab?
Warum packt uns die Angst, wenn wir Aggressionen hinausschleudern?
Warum reagieren wir mit Schuldgefühlen, wenn wir Wut empfinden?

Aggression, Wut und Bitterkeit sind heute *das* unbewältigte Problem bei Christen und Nichtchristen. Falscher Glaube, unangebrachte Nachgiebigkeit, irrige Lebensvorstellungen und unredliche Friedfertigkeit sind einige der Hauptgründe, wenn schlecht verarbeitete Aggressionen unser Zusammenleben erschweren.

Aggression und Selbstbetrug

Aggressionen dürfen nicht verharmlost werden. Viele Menschen bagatellisieren ihre Probleme und Ängste, spielen sie herunter.
»Ach, das ist doch nicht so schlimm!«
»Es lohnt sich nicht, darüber zu reden. Mach doch kein Theater!«
»Nein, ich bin nicht wütend!«
»Was soll's? Schwamm drüber!«
»Ich möchte daraus kein Problem machen!«
Alle Aussagen offenbaren, daß doch ein Problem vorhanden ist. Die Menschen wiegeln ab, sie spielen herunter, sie bagatellisieren, sie verkleinern, sie verharmlosen, sie sind nicht ehrlich. Und der Erfolg? Sie belasten, kränken und schädigen sich. Eine amerikanische Psychotherapeutin drückt die Folgen so aus:
»Der Körper speichert die Wahrheit! Der Körper sucht nicht nur Wahrheit, sondern er speichert die Wahrheit auch, um

es einmal so auszudrücken. Wenn wir bereit sind, gibt der Körper uns Hinweise auf schmerzhafte Wahrheiten, die wir aus unserem wachen Bewußtsein verdrängt haben. Viele von uns erhalten das kostbare Geschenk des Erinnerns zuerst durch den Körper. Der Körper vergißt nicht. Es ist nicht ungewöhnlich, daß Menschen bei Bewegungs- und Atemübungen, Tiefenmassage oder anderen Arten von Körperarbeit an traumatische Erinnerungen herankommen.«[1]

Aggression und Ärger

Ärger ist ein allzu menschliches Problem. In der Ehe, im Privatleben, auf der Arbeitsstelle, im Straßenverkehr, im Kaufhaus – überall haben wir Gelegenheit, uns zu ärgern.
– Die Nase des anderen paßt uns nicht.
– Ein Käufer drängelt sich vor.
– Das Kind will unbedingt Schokolade haben.
– Der Hund pinkelt auf den Perserteppich.
– Ich bekleckere mir meinen teuersten Schlips.
– Vor mir fährt der Omnibus ab.
– Ein Nachbar schneidet seine Bäume nicht. Ich sitze auf der Terrasse im Schatten.
– Hinter mir fällt die Haustür ins Schloß; der Schlüssel steckt innen.
Jeder könnte die Liste ohne Schwierigkeiten um Seiten erweitern. Ärger gehört zum Alltag unseres Lebens dazu.

»Fehler: Laß deinen Ärger raus!«
Unter dieser Überschrift schreiben zwei amerikanische Wissenschaftler:
    »Sie glauben:
1. Es ist völlig normal und gesund, sich zu ärgern.
2. Wenn du dich ärgerst, ist es das beste für dich, den Ärger auch frei von der Leber weg rauszulassen.

3. Wenn dich jemand frustriert oder geärgert hat, dann ist es ratsam, deinem Ärger Luft zu machen und ihn oder sie anzuschnauzen.
4. Du kriegst die Oberhand, wenn du andere anschreist. Glauben Sie irgend etwas davon?«[2]

Beide Autoren lehnen das »Dampfablassen« ab. Sie bestreiten energisch, daß Wutausbrüche, ärgerliche Stellungnahmen und Schimpfkanonaden etwas Gutes bewirken.

Sie ermutigen dazu, den Verdruß konstruktiv und in einer direkten, sachbezogenen Stellungnahme zu äußern, und betonen:

- daß Vorwürfe, Anklagen und Gefühlsausbrüche nur weiteren Ärger anrichten;
- daß rausgelassene Wut nur ein Zeichen dafür ist, daß der Mensch die Kontrolle über sich verloren hat;
- daß man sich zwar einen Augenblick innerlich besser fühlt, wenn man Ärger rausläßt, im Grunde aber die zwischenmenschlichen Beziehungen stört;
- daß man sich, wenn man von Wut und Ärger eines anderen eingeschüchtert wird, sagen soll:»Dieser Mensch fühlt sich wahrscheinlich bedroht und unsicher!«

Ärgergefühle sind normal. Sie sind menschlich. Nur, wie wir damit umgehen, das sind Fragen, die uns beschäftigen müssen.

Können wir Ärger konstruktiv nutzen?
Was haben wir gelernt, um Ärger zu verarbeiten? Wie lauten unsere Strategien, mit Ärger umzugehen?

Der amerikanische Psychologe Neil Clark Warren sieht im Ärger ein konstruktives Potential:

»Wenn Menschen ärgerlich und zornig werden, sind die Ergebnisse fast immer negativ, wenn nicht beängstigend. Doch ist daran nicht der Ärger schuld. Im Gegenteil glaube ich, daß Ärger eine Fähigkeit ist, die Gott geschenkt hat – eine neutrale Kraft mit großartigem Potential. Wenn Menschen lernen, schöpferisch mit ihrem Ärger umzugehen, können sie die negativen Auswirkungen verhindern. Ich glaube sogar, daß

Menschen frei werden, richtige Freude zu erleben, wenn sie lernen, ihren Ärger konstruktiv zu nutzen. Wir erlernen unsere Art, mit Ärger umzugehen. Sie ist uns nicht angeboren.«[3]

Warren geht davon aus:

- Ärger und Aggression sind verschieden. Ärger ist eine Reaktion auf Verletzungen, Frustrationen oder Furcht.
- Wenn Ärger sinnvoll genutzt wird, hilft er uns, uns mit der Ursache schmerzhafter Erfahrungen auseinanderzusetzen.
- Aggression ist fast immer destruktiv. Ärger darf nicht in Aggression enden!

Wie können wir lernen, Experten im Umgang mit Ärger zu werden?

Die Wut im Bauch ist der Pfahl im Herzen

So lautet der Titel eines Artikels von Rolf Degen. Der Autor faßt die Ergebnisse seiner Forschung folgendermaßen zusammen:

- Menschen, die schon beim geringsten Anlaß in Harnisch geraten und vor Wut kochen, schaufeln sich damit ihr eigenes, frühes Grab.
- Ein Hang zum Ärgern schlägt nach neuesten Erkenntnissen auf Herz und Kreislauf. Er steigert das Infarktrisiko. Das gilt vor allem für ehrgeizige, streßgeplagte, gehetzte, unter Zeitdruck stehende und sehr liebe Menschen, die Ärger, Wut und Zorn nicht wahrhaben wollen.
- Es sind nicht in erster Linie die »Arbeitssüchtigen«, die vom Infarkt bedroht sind, sondern Menschen, die sich ärgern. Ärger und Wut sind – den Wissenschaftlern zufolge – gefährlicher als Rauchen und Bluthochdruck.
- Menschen, die dazu neigen, Ärger und Wut zu unterdrücken, reagieren am stärksten mit erhöhtem Blutdruck.
- Ärger läßt sich zudem an den sogenannten »bösen Blutfetten« ablesen. Menschen, die besonders zu Ärger, Wut und Bitterkeit neigen, zeigen im Blut die schädlichen Cholesterine. Auch die Herzleistung sinkt, und die Kardiologen diagnostizieren eine Blutarmut im Herzmuskel.[4]

Wut ist ein Signal, das wir hören sollten.

Wut ist ein Signal, das zeigt, etwas ist nicht in Ordnung.

Wut ist ein Signal, daß eine emotionale Hochspannung vorhanden ist.

Wut ist ein Signal, das uns zeigt, wir sind mit etwas, mit einem Menschen nicht einverstanden.

Wut ist ein Signal, das gedeutet werden muß.

Wer Wut, Zorn und Bitterkeit verschweigt, lädt sich mit emotionalen Spannungen auf. Er ist gespannt und nicht locker. Er ist gehemmt und nicht offen. Er fühlt sich unter Druck und nicht gelassen.

Schon das Alte Testament hat diesen Zusammenhang erkannt und folgerichtig argumentiert:

»Denn als ich es wollte verschweigen, verschmachteten meine Gebeine durch mein tägliches Klagen« (Psalm 32,3).

Wir können auch übersetzen:

– da verschmachteten meine Organe,

– da meldeten sich meine Organe zu Wort,

– da redete mein Körper.

Ärger, Zorn und das Immunsystem

Wut und Zorn sind nicht nur Gefühle, die beziehungslos im Gehirn oder im Herzen kreisen. Vom Scheitel bis zur Sohle wird der ganze Mensch angesprochen.

Aggressionen, Wut und Ärger beeinflussen unser Immunsystem, das Abwehrsystem gegen Infektionen, gegen Krankheitserreger, gegen Bakterien und Viren. Heute weiß man:

– Gelassenheit, Heiterkeit, Zufriedenheit und geistliches Wohlbefinden stärken unser Immunsystem und die Abwehrkräfte;

– negativer Streß, Angst, Wut, Ärger und Aggressionen belasten die Abwehr.

Gehirn und Körper, Gefühlsreaktionen und Immunsystem kommunizieren miteinander. Einsamkeit, Angst, Ärger und Wut sind Faktoren, die das Immun- und damit das Abwehrsystem unseres Körpers *schwächen*. Wir werden anfälliger für Krankheiten.

Wenn uns Wissenschaftler heute diese Ergebnisse vorlegen, ist es notwendig, über Aggressionen, über Zorn, Wut, Ärger und Bitterkeit näher nachzudenken.

Wie entstehen Aggressionen?

Welche Theorien beschäftigen sich mit destruktiven Verhaltensmustern?

Wie geht der Mensch negativ und hilfreich mit Zorn, Zoff, Wut und Ärger um?

Welche geistlichen Maßstäbe helfen uns Christen, positive Umgangsmuster einzuüben?

Theorien über die Aggressionsentstehung

Der Begriff *Aggression* leidet unter einer babylonischen Sprachverwirrung. Wenn wir etwa in der Sexualpädagogik bis auf den heutigen Tag der Meinung sind, daß »Liebe« ein Wort aus fünf Buchstaben und tausend Mißverständnissen ist, ergeht es jenem Wort aus zehn Buchstaben nicht anders. Hinter der Deutung verbirgt sich offen oder versteckt die jeweilige wissenschaftliche Lehrmeinung.

Wolfgang Schmidbauer[5] vergleicht Arbeitshypothesen mit Scheinwerfern, die bestimmte Dinge besonders gut erkennen lassen und ein und dieselbe Landschaft durch rotes oder grünes Licht völlig verwandeln. Man fühlt sich an die alte indische Fabel erinnert, in der von Blinden berichtet wird, die auszogen, um einen Elefanten kennenzulernen, und ihn im Urwald fanden. Nach Hause zurückgekehrt berichteten alle über ihre Erkenntnisse. Der eine *bewies*, daß der Elefant wie ein Fächer sei, denn er hatte den Schwanz des Elefanten zu fassen bekommen. Der andere *bewies,* daß der Elefant wie ein Baumstamm sei, denn er war an eines der wuchtigen Beine des Tieres geraten. Der dritte *bewies,* daß der Elefant wie eine Keule sei, denn er hatte mit dem Rüssel einen Schlag einstecken müssen. Der letzte *bewies,* der Elefant sei wie eine Kuh, er hatte die Stoßzähne des Urwaldtieres gefühlt. Jeder hatte einen Teil des Ganzen verabsolutiert und daraus eine Theorie abgeleitet. Ich habe den Eindruck, daß es in der Wissenschaft zuweilen ähnlich zugeht. Jeder erfaßt ein Teilgebiet und leitet entsprechende Anschauungen daraus ab.

Wolfgang Schmidbauer betont in bezug auf den Begriff Aggression dazu: »Hier wird jene Verwirrung der Begriffe spürbar, welche die Diskussion um Aggression erschwert.

Friedlich unter dem Dach dieses Begriffes wohnen erfreuliche und unerfreuliche Dinge, das In-Angriff-Nehmen einer Aufgabe gilt ebenso als Aggression wie aktives Erobern der Umwelt oder aber auch heimtückischer Mord ...«[6]

Alfred Adler, der Begründer der Individualpsychologie, verwandte als erster den Begriff Aggression – nicht Sigmund Freud, wie viele Autoren bewußt oder unbewußt falsch darstellen. Der Psychoanalytiker Dieter Eicke macht auf diesen Tatbestand aufmerksam: »Von Aggression sprach als erster Adler. Woher er diesen Ausdruck hatte, ist mir bis heute nicht gelungen zu eruieren.«[7]

Auf dem Psychoanalytikerkongreß 1908 in Salzburg sprach Alfred Adler erstmals über den »Aggressionstrieb in der Neurose und im Leben«.

Auf den Aggressionstrieb reagierte Sigmund Freud ein Jahr später ablehnend. Damals schrieb er: »Alfred Adler hat kürzlich in einer gedankenreifen Arbeit ausgeführt, daß die Angst durch die Unterdrückung des von ihm sogenannten ›Aggressionstriebes‹ entstehe. (...) Ich kann der Anschauung, die ich für eine irreführende Verallgemeinerung halte, nicht beipflichten. Ich kann mich nicht entschließen, einen besonderen Aggressionstrieb neben und gleichberechtigt mit dem uns vertrauten Selbsterhaltungs- und Sexualtrieb anzunehmen.«[8]

Es hat 12 bis 15 Jahre gedauert, bis sich Sigmund Freud entschließen konnte, den Aggressionstrieb zu übernehmen. Er charakterisierte ihn als Destruktions- und Todestrieb.

Bereits 1910 gab Adler sein Aggressionstrieb-Konzept auf und versuchte, die Aggressivität des Menschen aus der Ganzheit der menschlichen Person darzustellen. Rückblickend schreibt er darüber: »Im Jahre 1908 kam ich auf den Gedanken, daß sich jedes Individuum eigentlich stets in einem Zustand der Aggression befindet, und unvorsichtigerweise habe ich diese Stellungnahme Aggressionstrieb genannt. Wer diese Arbeit zur Hand nimmt, wird darin die Grundlage jener psychologischen Schule finden, die sich später als Triebpsychologie entwickelte. Bald erkannte ich jedoch, daß es sich dabei gar nicht um einen Trieb handelte, sondern um eine teils bewußte, teils unbewußt verstandene Stellungnahme den Aufgaben des Lebens gegenüber, und ich gelangte auf diese Weise zum Verständnis des sozialen Einschlags in der Persönlichkeit, dessen Grad immer nach Maßgabe seiner Meinung über die Tatsachen und Schwierigkeiten des Lebens ausgestaltet ist.«[9]

Die Aggression wird also von Adler nicht mehr als unabhängiger Trieb verstanden, sondern als ein übersteigertes, krankhaftes Verhalten, als Begleitmusik eines allgemeinen Strebens nach Überlegenheit.

Für die Individualpsychologie heute können aggressive Akte nur aus den Beziehungen zwischen dem einzelnen und der Gemeinschaft sowie aus dem Minderwertigkeitsgefühl und dem dazugehörenden Kompensationsstreben verstanden werden.

Im folgenden wollen wir uns mit vier weiteren wissenschaftlichen Erklärungsmodellen beschäftigen, die die Ursachen und die Entstehung der Aggressivität erforschen.

Die psychoanalytische Theorie

Nachdem Sigmund Freud die Aggressionstrieb-Hypothese von Alfred Adler übernommen hatte, erweiterte er sie. Er ging davon aus, daß das menschliche Dasein von zwei Grundtrieben bewegt wird: durch die *Libido* und die *Aggression,* durch den Lebenstrieb und den Aggressionstrieb. Beim Lebenstrieb und beim Aggressionstrieb handelt es sich um ein gegensätzliches Triebpaar. Dem Aggressionstrieb soll der Todestrieb zugrunde liegen. Beide Triebe sollen sich – nach diesem Modell – verschränken und vermischen. Da der Aggressionstrieb nicht verdrängt werden soll, muß er im Sinne des Dampfkessel-Modells abgebaut werden. Der Mensch, der mit seinem Aggressionstrieb fertig werden will, muß ihn sich bewußtmachen. In sublimierter, also in veredelter Form soll er sinnvoll im Leben umgeformt werden. Ein Beispiel ist die *Zivilcou-*

rage. Sie ist, im Sinne der Psychoanalyse Freuds, eine Hochform sublimierter Aggression.

Einige kritische Anmerkungen:
- Die Aggressionstrieb-Theorie ist so durch die Massenmedien in unser Bewußtsein gerückt worden, daß viele die leicht verständliche Formel unbesehen akzeptiert haben.
- Danach sind Kriege mehr oder weniger *naturnotwendig.* Schlägereien, eingeschlagene Fensterscheiben und Köpfe sind ein entschuldbares Abreagieren für biologisch bedingte Triebe.
- Der international bekannte Psychiater und Begründer der Logotherapie Viktor E. Frankl lehnt die Triebtheorie ab und läßt nur den *Haß* gelten, der im Gegensatz zur Aggression *final,* das heißt zielgerichtet, zu verstehen ist.
- Die Aggressionstrieb-Theorie spricht ständig vom Aggressionsstau. Die gestaute Aggression muß vulkanartig ausbrechen. Ein Dampftopf mit Druckventil und Überlauf-Abfluß soll das verhindern.

Im Zwischenmenschlichen wird ein »anständiges Gewitter« bejaht. Forscher haben das Dampfkessel-Modell untersucht und festgestellt, daß die Aggressionen nicht abnehmen, wenn für Abfuhr gesorgt ist.

Die Theorie der vergleichenden Verhaltensforschung

Die Ethologie, die Lehre vom Verhalten der Tiere, auch *vergleichende Verhaltensforschung* genannt, ist durch den Namen Konrad Lorenz bei uns bekannt geworden. Konrad Lorenz mit seinem Bestseller »Das sogenannte Böse« und sein Schüler Irenäus Eibl-Eibesfeld haben die Hypothese aufgestellt: Aggressives Verhalten aller Tierarten – auch des Menschen – basiert auf einer angeborenen Verhaltensdisposition.

Lorenz hat Befunde aus dem Tierreich auf den Menschen übertragen. Aussagen über das Aggressionsverhalten des Menschen basieren nach Ansicht der Ethologen auf Analogien zwischen Fisch, Gans, Wolf und Mensch. Kernthesen der Verhaltensforschung lauten:

1. Der Aggressionstrieb ist eine angeborene Verhaltensdisposition.
2. Unter Aggression werden innerartliche Auseinandersetzungen verstanden. Angriffe auf Beutetiere sind kein aggressives Verhalten.
3. Die menschliche Aggression ist als Disposition auf der ganzen Erde unter Kulturvölkern und Naturvölkern verbreitet.
4. Aggressives Verhalten wird instinktiv gesteuert und unterliegt den gleichen Gesetzmäßigkeiten wie andere Instinkthandlungen (Brutpflege, Freß- und Nahrungssuche-Verhalten).
5. Lorenz behauptet, daß die Aggression ohne Reaktion auf einen Reiz ausgelöst werden kann. Er lehnt die Aggression als reaktives Verhalten ab.
6. Zur Abreaktion von Aggression sollen internationale Wettkämpfe ermöglicht werden.
7. Wie bei Tieren, so führt auch beim Menschen die Aggression zur territorialen Abgrenzung der Gruppen. Es kommt zur Ausbildung von Rangordnungen.
8. Tiere verfügen über einen aggressionshemmenden Mechanismus. Tiere kennen komplizierte Kampfregeln. Das Demutsverhalten unterbindet die Tötungsabsicht.

Einige kritische Anmerkungen:
– Andere Forscher halten die Arbeitshypothese der vergleichenden Verhaltensforschung für ein »pseudowissenschaftliches Märchen«.
– Eine Verallgemeinerung der Ergebnisse von Beobachtungen an verschiedenen Tierarten, bei Lorenz vornehmlich an Fischen und Gänsen, die auf den Menschen angewendet werden, ist nicht zulässig.

- Nach Lorenz gehören Liebe und Haß innerlich zusammen. Er nennt sogar Haß »den kleinen häßlichen Bruder der Liebe«. Besitzergreifende Regungen werden von Tieren auf den Menschen übertragen.
- Die Tiere verfügen über einen aggressionshemmenden Mechanismus. Diese Tötungshemmung funktioniert beim Menschen nicht. Von daher sind die Analogieschlüsse von Tieren auf Menschen unzulässig.
- Der Verdacht liegt nahe, daß die vergleichende Verhaltensforschung den Menschen als das höchste Tier betrachtet. Dieser Vergleich macht nicht nur den Christen erhebliche Schwierigkeiten.

Die Frustrations-Aggressions-Hypothese

Forscher der Yale-Universität in Amerika haben vor Jahrzehnten diese Theorie entwickelt. Die Kernthese besagt: Wo der Mensch in seinem permanenten Streben nach Lustgewinn *frustriert* wird, treten Aggressionen auf. Frustrationen sind Versagungen und Entbehrungen.

Welche Formen von Verhaltensweisen der Mensch auf vorangegangene Frustrationen wählt, hängt von individuellen Lernprozessen und von Erfahrungen ab. Das Ziel der Aggression kann ein lebendiges oder totes Objekt sein. Immer geht es um Schädigung, um Beschädigen und Wehtun. Die Stärke der Aggression steht im Zusammenhang mit der Intensität der Frustration.

Einige kritische Anmerkungen:
- Die Frustrations-Aggressions-Hypothese ist inzwischen so variiert worden, daß etliche ursprüngliche Definitionen vieldeutig geworden sind. Besonders für den Begriff Aggression fehlt eine eindeutige Begriffsbestimmung.
- Die These, daß auf eine Frustration immer eine Aggression erfolgen muß, wird heute kaum noch vertreten.

23

- Dolland und Miller definieren die Aggression ursprünglich als eine Verhaltensweise, die *absichtlich* andere schädigen will. Andere Forscher definierten die Aggression als ein Verhalten, das *tatsächlich* einen Organismus schädigt.
- Auch der Begriff Frustration ist völlig unklar definiert. Es ist nicht ersichtlich, welcher Art die Emotionen sind, die auf die Versagungen folgen. Sind es Ärger, Wut, Unterlegenheitsgefühle, Haß oder Eifersucht?
- Die empirische Forschung hat ergeben, daß Kinder gelernt haben, durch Aggression am geschicktesten mit Frustrationen fertig zu werden. Haben Kinder mit Aggressionen *Erfolg gehabt,* entwickelt sich aus dem Frustrations-Aggressions-Verhalten ein ritualisiertes Spiel.

Die Rolle der Aggression in der Lernpsychologie

Die Lernpsychologie geht davon aus, daß aggressives Verhalten zum großen Teil erworbenes und gelerntes Sozialverhalten ist. Sie stellt sowohl die Aggressions-Frustrations-Hypothese als auch die Hypothese eines angeborenen Aggressionstriebs in Frage. Irgendwelche Belastungen lösen eher emotionale Erregungen aus und nicht Aggressionen. Frustrationen können also vielfach beantwortet werden. Einige Menschen reagieren aggressiv, andere entwickeln psychosomatische Störungen, wieder andere betrinken sich oder nehmen Drogen. Die meisten Menschen bemühen sich, die Ursachen ihrer Belastung zu beheben.

Lernpsychologen behaupten, Aggressionen werden gelernt und als Mittel gezielt eingesetzt, um bestimmte Erfolge zu erreichen. Zwei Möglichkeiten stehen dem Menschen im wesentlichen zur Verfügung. Man spricht zunächst von der sogenannten *Verhältnistheorie.* Sie besagt: Hat der Mensch mit Aggressionen Erfolg, fühlt er sich dadurch bestärkt und bekräftigt. Des weiteren spricht man von der *Imitationstheorie.* Menschen lernen am Modell. Vorbilder werden imitiert, also nachgeahmt. Es gilt als erwiesen, daß sich Kinder, die belohnte Aggressionen im Film beobachten, zunehmend selbst aggressiv verhalten. Daneben spricht man auch von *spontaner Aggression*. Das heißt, einzelne Menschen entwickeln die besondere Neigung, bestimmte Situationen so zu arrangieren, daß sie einen Gewinn aus Kampf, Streit und Quälerei ziehen. Viele Störungen entstehen auch dadurch, daß Menschen mehr in der *Vergangenheit* oder in der *Zukunft* leben statt in der Gegenwart. Sie grübeln und bringen sich selbst in Rage. Die ständigen Spannungen entstehen im Kopf und nicht aus einem Reservoir aggressiver Energie, wie Lorenz behauptet hat.

Einige Feststellungen:

- Menschen, die zur Aggression neigen, kann geholfen werden, indem sie konstruktive Denkweisen entwickeln, um mit Konflikten besser fertig zu werden.

- Emotionale Erregung ist nicht notwendig, um sich aggressiv zu verhalten. In vielen Fällen ist der Anlaß für aggressives Verhalten der Vorteil, den man sich davon verspricht. Der Vorteil oder Gewinn ist die treibende Kraft und nicht der Druck von Belastungen. Die erwarteten Belohnungen für aggressives Verhalten bilden die Quelle der Motivation zur Aggression.

- In einer modernen Gesellschaft werden aggressive Verhaltensmuster aus drei Quellen gespeist: aus der Familie, aus sozialen Bezügen und aus den Massenmedien. Kinder, deren Eltern aggressive Verhaltensmuster benutzen, neigen dazu, selbst aggressive Muster zu praktizieren.

- Physische Aggressionen werden im Fernsehen häufig als geeignete Lösungsversuche bei zwischenmenschlichen Konflikten, als akzeptable Gewalt angeboten. Wenn das Gute über das Böse mit *gewalttätigen Mitteln* triumphiert, werden Zuschauer für aggressive Verhaltensmuster infiziert.

- Forscher haben ermittelt, daß im Laufe der Geschichte schändliche Verbrechen eher aus Gehorsam als aus Rebellion begangen wurden. Indem Folgsamkeit belohnt und

Ungehorsam bestraft wird, können »folgsame Aggressionen« vermittelt werden.

– Ungünstige Lebensbedingungen können Menschen zu aggressiven Handlungen provozieren. Ein Hauptgrund *kann* Unzufriedenheit sein. Die Behauptung allerdings, daß Unzufriedenheit immer Aggressionen hervorruft, ist falsch.

Insgesamt können wir heute eher davon ausgehen, daß das letztgenannte Modell den Ursachen der Aggressionsentstehung am nächsten kommt. Es beinhaltet auch brauchbare Möglichkeiten, aggressives Verhalten zu verringern. Aggressivität ist kein unvermeidbarer und unabänderlicher Wesenszug des Menschen, sondern das Produkt von verschiedenen Bedingungen, die innerhalb einer Gesellschaft wirksam sind.

Wir Christen müssen Aggressivität nicht als Schöpfungsgrundzug, der dem Menschen einprogrammiert ist, zur Kenntnis nehmen.

In den folgenden Kapiteln gehen wir den vielen Ausdrucksformen der Aggressivität nach. Wie können wir Aggressionen *verstehen,* und wie können wir sie als Christen erfolgreich *behandeln?*

Innerorganische Vorgänge beeinflussen die Aggression

Wenn Menschen wütend, zornig und feindselig reagieren, spielt sich in ihrem Innern auch ein chemischer Prozeß ab. Wie kommen Aggression, Wut und Furcht, Ängstlichkeit und Flucht zustande?

Die Nebenniere als »Giftspritzer«

Wir kennen in der menschlichen Gesellschaft *Giftspritzer*, die in Wort und Schrift Emotionen schüren, Menschen zur Aggression anstacheln und feindseliges Verhalten unterstützen. Solche – bildlich gesprochen – unfreiwilligen und keineswegs böswilligen Giftspritzer sind unsere Nebennieren. Schon um die Jahrhundertwende erkannte man, daß bei Tieren und Menschen, die drohende Gefahren bemerken, entweder Furcht oder Aggression die Wahrnehmung begleiten. Gleichzeitig sondern die Nebennieren ein Hormon, das Adrenalin, ab. Dieses Hormon beschleunigt den Herzschlag und die Atmung. Zucker aus der Leber und Blutkörperchen aus der Milz werden ins Blut abgesondert. Durch die Adrenalinausschüttung werden Kräfte im Körper mobilisiert, sich auf Kampf *oder* Flucht vorzubereiten. Doch was entscheidet über die tatsächlich eintretende Reaktion? Warum fliehen Kaninchen normalerweise, und warum stellen sich Löwen in der Mehrzahl der Fälle zum Kampf? Warum werden einige Menschen aggressiv und gehen sofort zum Angriff über, während andere niedergeschlagen und ängstlich reagieren? Biochemiker haben entdeckt, daß die Drüsen der Nebennierenrinde zwei Hormone produzieren, die je eine verschiedene Wirkung haben: das *Adrenalin* und das *Noradrenalin*. Noradrenalin bewirkt eine Verengung der Blutgefäße und damit Blutdruckanstieg. Adrenalin beschleunigt den Herzschlag.

Diese Beobachtungen regten den amerikanischen Psychiater Funkenstein an, gesunde Collegestudenten Streßsituationen auszusetzen. Er stellte fest, daß diejenigen, die auf Frustrationen mit Zorn und Aggressivität reagierten, genau die physiologischen Reaktionen zeigten, die auf Noradrenalin-Injektionen folgten, und daß Studenten, die depressiv und verängstigt reagierten, physiologische Veränderungen zeigten, die Adrenalin-Injektionen folgten. Inzwischen wurden von Biochemikern in aller Welt die Adrenalin- und Noradrenalin-Verhältnisse in den Nebennierenrinden von wilden Tieren analysiert. Außerdem wurden Kinder und Haustiere untersucht. Und die Ergebnisse? Löwen und andere Tiere mit hoher Aggressivität haben eine viel höhere Ausschüttung von Noradrenalin im Vergleich zur Adrenalin-Produktion. Kaninchen und Schafe dagegen produzieren mehr Adrenalin. Kleinkinder haben eine größere Noradrenalin-Produktion als größere Kinder.

Schlußfolgerungen für die menschliche Aggressivität

Wie kommt es nun, daß einige Menschen bei drohender Gefahr mit Zorn, Wut und Aggression reagieren und andere ihr Heil in der Flucht suchen? Wie kommt es, daß ein Kind sofort losschlägt, wenn es sich bedroht fühlt, und ein anderes passiv und resigniert alles über sich ergehen läßt? Wie kommt es, daß der eine Frustration und Mißerfolgen auf verschiedenen Gebieten sofort aktiv begegnet, sich ihnen kämpferisch entgegenstellt, und der andere entmutigt seine Schultern hängen und den Mut sinken läßt, die Flinte ins Korn wirft? Letzte Beweise fehlen, aber es gilt als wahrscheinlich:

(1) Die potentiellen Flucht- bzw. Kampfreaktionen sind in die Gene einprogrammiert. Physiologisch ausgedrückt: Der Organismus reagiert auf verschiedene Streßsituationen, indem er entweder Noradrenalin oder Adrenalin produziert.

(2) Bei den Tieren wird dieses *angeborene Verhaltensmuster* nur selten und geringfügig durch Umweltfaktoren beeinflußt. Und doch gibt es auch feige, ängstliche und zuerst mit Flucht reagierende Löwen und kämpferische Kaninchen.

(3) Das menschliche Verhalten ist dagegen Erfahrungseinflüssen in viel größerem Umfang ausgesetzt. Wie einmal ein Mensch reagieren wird, ob er sich stärker aggressiv oder resignierend passiv verhält, ist ein Lernvorgang, der wahrscheinlich eine in Genen vorprogrammierte Disposition besitzt.

(4) Wut, Ärger oder Zorn können sich also nach außen oder nach innen richten und hängen von den zwischenmenschlichen Beziehungen ab, die eine vorgegebene Disposition verstärken oder abbauen. So sind bestimmte Verhaltensmuster durch Anstieg oder Verminderung der Noradrenalin- oder Adrenalin-Ausschüttung begleitet.

Aggression und die Entwicklung des Kindes

Die Einstellung zur Sexualität hat sich in der westlichen Welt weitgehend verändert. Eltern und Erzieher sind freier geworden; eine übertriebene Prüderie ist überwunden.

Was allerdings den Umgang mit der Aggressivität angeht, hinken Eltern und Erzieher den Erfordernissen der Sozialisierung hinterher. Offenheit, die einen leicht aggressiven Touch haben könnte, wird abgelehnt. Kinder, Jugendliche und Erwachsene sind rundum beliebt,

- die unfreundliche und aggressive Gedanken unterdrücken können,
- die keiner Fliege etwas zuleide tun,
- die sanft wie Lämmer reagieren,
- die niemals streiten und immer ein strahlendes Gesicht zur Schau stellen,
- die in der Gemeinde höflich und einladend wirken, die nicht kämpfen und sich angepaßt und unterordnend verhalten,
- die stets hilfsbereit und anstellig sind, die keine Bitten abschlagen und ein Vorbild an Sanftmut für andere darstellen.

Der Prozeß, Aggression, Zorn, Wut und Bitterkeit zu unterdrücken, beginnt schon sehr früh. Väter und Mütter ermahnen ihre Kinder,

- nicht so laut zu sprechen,
- keinen Widerspruch zu äußern,
- nicht zu streiten,
- nicht zu schreien oder zu toben,
- nicht mit nein zu rebellieren.

Im Grunde sind diese Erziehungspraktiken unrealistisch und ungesund. Denn das Kind wird zur Lüge und Unwahrheit erzogen. Man hat aggressive Gefühle nicht zu haben. Oder persönlicher ausgedrückt:

- »Ich darf nicht aggressiv und frech sein, sonst haben meine Eltern mich nicht lieb.«
- »Wenn ich Widerworte gebe, bekomme ich die Ablehnung meiner Eltern zu spüren.«
- »Wenn ich mich nicht verstanden fühle und wütend werde, schlucke ich das besser herunter, um nicht mit Liebesentzug bestraft zu werden.«

Wo bleiben die Aggressionen?

Eltern gehen davon aus, daß das Kind seine Wut im Handumdrehen vergessen hat. Die aggressiven Gefühle werden nicht ernst genommen und totgeschwiegen. Die Folge ist: Das Kind traut sich nicht, seine Wünsche und Bedürfnisse in angemessener Form zu äußern.

Stell dich nicht so an!

Ein Beispiel mit weitreichenden Folgen mag eine kleine Familienszene widerspiegeln. Eine Mutter sagt in der Beratung: »Mein Mann hat große Schwierigkeiten mit dem zweiten Sohn. Der steht im Schatten seines älteren Bruders. Der Älteste ist stärker und will auch seine Rolle nicht preisgeben. Bei Tisch verhält sich der Jüngere weinerlich und druckst vor sich hin. Mein Mann ist abgespannt von der Arbeit und brüllt ihn an: ›Stell dich nicht so an!‹ Der Kontakt zum Vater ist völlig gestört.«

Was zeigt diese kleine Familienszene?

Hinweis 1: Der zweite Sohn steht im Schatten seines älteren Bruders

Das kommt häufig im Leben vor. Erstgeborene leiten bestimmte Prioritäten aus diesem Status ab. In der Regel führen sie, dominieren über die Jüngeren.

Der zweite Sohn ist ein »Jammerlappen«. Er hat sich aufs Weinen und Klagen verlegt, um auf diese Weise Zuwendung und Aufmerksamkeit zu bekommen. Die Mutter hat ein weiches Herz und wird vom Verhalten des Sohnes angesprochen. Uns mögen die Verhaltensmuster des zweiten Sohnes mißfallen. Entscheidend ist aber, daß wir darauf eingehen.

Hinweis 2: Der Vater nimmt den zweiten Sohn nicht ernst
Ein Lieblingssatz des Vaters, der das Jammern und Klagen des Zweiten nicht haben kann, lautet: »Stell dich nicht so an!« Der Vater hat einen harten Arbeitstag hinter sich und will am Abend ungern mit kleinen Wehwehchen belästigt werden. Der Satz beinhaltet aber gleichzeitig für den zweiten Sohn eine klare Ablehnung. Jammern und Klagen sind als Kommunikationsmuster des jüngeren Kindes ein Hilferuf an die Eltern. Doch der Vater versteht die Sprache seines Sohnes nicht.

Hinweis 3: Der zweite Sohn zieht sich vom Vater völlig zurück
Der jüngere Sohn fühlt sich nicht verstanden und nicht ernst genommen. »Stell dich nicht so an!« beinhaltet Kritik und kein Verständnis. Der Satz wehrt das Gegenüber ab, statt es anzuhören. Wie hätte der Vater bei Tisch reagieren können?
»Bernd, im Augenblick möchte ich in Ruhe gelassen werden und essen. Ich möchte gern von der Arbeit Abstand gewinnen. Dir geht es aber offenbar nicht gut. Nach den Nachrichten habe ich Zeit für dich. Wenn du möchtest, setzen wir uns dann zusammen.« Der Vater signalisiert seine Bedürfnisse. Er steht zu seinen Wünschen. Gleichzeitig nimmt er aber den Sohn ernst. Er versucht sich in die Gemütslage des Sohnes einzufühlen und bietet ihm ein Gespräch an.

Hinweis 4: Geglaubte Ablehnung kann sehr aggressiv machen
Ein Kind, das sich abgelehnt fühlt, kann extrem zornig, rachsüchtig und bitter werden. Es fühlt sich mißachtet, verstoßen und ausgegrenzt:

- »Ich habe keinen Platz in dieser Welt!«
- »Wo ich auftauche, stehe ich im Weg!«
- »Ich bin überflüssig; ich wollte, ich könnte mich in Luft auflösen!«

Wer an seine Ablehnung glaubt, glaubt an seine Wertlosigkeit.

Ein anderes Kind übt Rache an seinen Eltern, an der Gesellschaft und an Gott. Es kann gemein, brutal, hinterhältig und feindselig werden.

»Die ganze Welt ist gegen mich!« Das Kind wird zum destruktiven Einzelkämpfer, rächt sich für erlittenes Unrecht.

Körperliche Aktivität ist böse...

Viele Mütter und Väter haben mit aktiven und vitalen Babys Probleme. Im Grunde ist es aber natürlich und gottgewollt, wenn das Baby mit einem aggressiven Geburtsschrei aus dem Körper der Mutter austritt. Dieser symbolische Ausdruck wird von einigen Fachleuten als »Lebensmut« charakterisiert. Dieser aggressive Geburtsschrei hat eine wichtige biologische Funktion. Er setzt die Atmung des Kindes in Gang.

Das Baby kann in den ersten Lebensmonaten sein Mißbehagen und seine Bedürfnisse nur durch Schreien mitteilen. Das ausgesprochen ruhige Baby, das später oft als »braves« Kind bezeichnet wird, ist im Grunde körperlich oder seelisch krank. Es läßt alles mit sich geschehen, reagiert passiv und duldet. Das gesunde Baby schreit, schlägt um sich und will sich behaupten. Arme und Beine werden stärker. Es krabbelt auf allen vieren, rollt herum und testet seine Kraft. Dieses zupackende und angreifende Verhalten ist gesund. Denn das Kind soll ja mutig, lebenstüchtig und stark werden.

Kinder, die sich zurückziehen und aggressive Entwicklungsimpulse vermissen lassen, spiegeln häufig ein Krankheitsbild wider. Fachleute sprechen von *anaklitischer Depression*. In der Tat gleicht das Verhalten der Babys der tiefen Depression späterer Erwachsener. Vitale Babys müssen zupacken, müssen beißen und reißen, um das Leben zu meistern. Werden diese Impulse gebremst, erlebt das Kind, daß es *böse* ist. Seine Aktivitäten lassen nach. Das Kind wird passiv, reagiert ängstlich und schüchtern, verhält sich vorsichtig, mißtrauisch und zeigt Schuldgefühle.

Dieses später als »brav« bezeichnete Kind ist bei Eltern und Großeltern, Erziehern und Lehrern sehr beliebt; es hat aber an Lebensmut und Lebenstüchtigkeit eingebüßt. Was kann geschehen?

- Die Unterdrückung der Aggression führt zu selbstzerstörerischen Impulsen. Die Kinder können sich selbst beißen, schlagen mit dem Kopf gegen die Wand.
- Die Unterdrückung der Aggression führt bei älteren Kindern zu Zähneknirschen im Schlaf, zum Kauen an Fingernägeln oder zum nervösen Kratzen.
- Andere Forscher gehen davon aus, daß die aggressionsfeindliche Erziehung junge Menschen heranwachsen läßt, die zur Zerstörung von Gegenständen neigen. Wenn sie älter werden, reagieren sie mit Plänen zum Umsturz der Gesellschaft. Sie wollen gewaltsam und aggressiv bestehende Verhältnisse verändern.
- In der schwierigen Phase der Pubertät werden diese aggressionsgehemmten Kinder schlecht mit dem Leben fertig. Sie ziehen sich in Sekten, in Drogenmißbrauch und in esoterische Kulte zurück, um der Selbstbehauptung im Alltag auszuweichen.

Es gelingt ihnen nicht, der Wirklichkeit des Lebens mit ihren natürlichen Anforderungen gerecht zu werden.

Was ist das Ziel der Erziehung?

Auf alle Fälle nicht, die Aktivität, den Lebensmut und die Neugier eines Babys und Kleinkindes zu blockieren. Das sogenannte unruhige Kind, das sich selbstbewußt behauptet und sich seine Umwelt erobert, ist in der Regel ein gesundes Kind, das lernt, das Leben mit allen Anforderungen zu meistern.

Ziel der Erziehung sollte es sein, daß das Kind lernt,

- seine positiven und negativen Gefühle zu äußern, ohne diskriminiert zu werden;
- über seine Bedürfnisse ehrlich und aufrichtig zu sprechen, ohne befürchten zu müssen, einen Erwachsenen zu verletzen;
- angemessen Enttäuschungen und Zorn zu äußern, ohne bei Eltern und Erwachsenen Schuldkomplexe auszulösen;
- wenn es Zorn, Wut und Verbitterung vorträgt, angenommen und ernst genommen zu werden.

Es ist offensichtlich, daß diese Kinder sich zufriedener, ausgeglichener und konstruktiver im Zusammenleben der Familie oder anderer Gruppen verhalten.

Störungen in der Entwicklung des Kindes

Störungen in der Entwicklungsgeschichte des Kleinkindes geben uns Auskunft darüber, was zwischen Kind und Bezugsperson geschehen ist. Vom ersten Tag des Lebens an entsteht ein Wechselspiel zwischen der Bezugsperson und dem Kind. Daraus entwickelt sich eine Gefühlsbindung. Von Eltern und Erziehern wird eine hohe Bereitschaft erwartet, zuverlässig, feinfühlig und kooperativ zu sein, dem Kind Sicherheit und Geborgenheit zu vermitteln. Die Bezugsperson sollte die Signale, die das Kind gibt, verstehen und richtig beantworten können. Das ist schwer.

Das Kind verarbeitet alle Erlebnisse zu einem Bild von sich selbst und von den Menschen in seiner Umgebung. In der Beziehung zum Mitmenschen entsteht Vertrauen zu sich selbst, Vertrauen zu den eigenen Fähigkeiten und Vertrauen zum Gegenüber. Die Beziehung zwischen Kind und Erwachsenem entscheidet über ein Gefühl der Sicherheit oder Unsicherheit in diesem Leben.

In erster Linie ist es die Mutter, die einer positiven Gefühlsbindung Struktur verleiht. Sie ist für die psychische Entwicklung des Säuglings maßgebend. Ist die Mutter zufrieden, überträgt sie positive Gefühle auf das Kind. Es wird zufrieden und ausgewogen reagieren.

Werden die Beziehungen zwischen Kind und Bezugsperson auf die Probe gestellt, ist das Klima zwischen den Beteiligten gespannt, können sich nachhaltige Konflikte und Störungen im späteren Leben herausbilden. Es entsteht eine Angst, die geliebte Bezugsperson zu verlieren. Folgende Störungen werden von Forschern beschrieben:

Die Angstbindung
Kleinkinder und Jugendliche haben das Gefühl, sie können sich auf ihre Bezugsperson nicht verlassen. Die Gründe können vielschichtig sein:
- Die Eltern zeigen ein ablehnendes Verhalten. Sie schätzen das Kind nicht, oder das Kind hat den Eindruck, von den Eltern nicht geliebt und angenommen zu sein.
- Die Eltern sind nicht in der Lage, die verschiedenen Signale des Kindes richtig zu verstehen. Sie glauben, das Kind wolle sie nur ärgern und provozieren.
- Die Eltern mußten das Kind mit einer gefährlichen Krankheit ins Krankenhaus bringen. Das Kind reagiert mit einem unvorstellbaren Verlassenheitsgefühl.
- Die Eltern sind überlastet, werden mit dem schreienden Baby nicht fertig, schimpfen und vernachlässigen das Kind.
- Die Eltern drohen mit Liebesentzug, mit Selbstmord oder mit Einweisung in ein Heim. Kinder und Jugendliche erleben in diesen Verhaltensmustern schwere Aggressionen.
- Die Kinder erleben, daß ihre Eltern sich ständig streiten und häßliche Konflikte austragen. Sie fühlen sich schuldig und haben das Gefühl, im Wege zu sein.

Diese Verhaltensmuster sind dem Kind unbegreiflich, es fühlt sich nicht verstanden, und es reagiert mit Groll, mit Wut und Aggression.

Das Merkwürdige ist, daß viele Kinder diese Wut nicht offen zeigen. Sie haben Angst, die Zuwendung der Eltern völlig zu verlieren. Häufig reagieren sie ihre Ängste und ihre versteckte Wut an anderen Kindern auf der Straße ab. Sie rächen sich an Schwachen, an Andersdenkenden, an Untergebenen und an Minderheiten.

Das zwanghafte Selbstvertrauen

Eine Störung, die den vorhergehenden diametral entgegensteht, ist das zwanghafte Selbstvertrauen. Menschen mit dieser Störung bestehen darauf,
- alles selbst machen zu wollen.
- Sie suchen keine Fürsorge und Nähe.
- Sie mißtrauen engen Bindungen und Beziehungen.
- Sie unterdrücken Gefühle der Bindung und Annäherung.
- Sie haben panische Angst, sich auf jemand anderen verlassen zu müssen.
- Sie wollen den Schmerz vermeiden, zurückgewiesen zu werden.
- Sie wollen sich nicht dem Zwang aussetzen, sich um jemanden sorgen zu müssen.

Das zwanghafte Fürsorgeverhalten

Auch dieses Verhaltensmuster ist eine Reaktion des Kindes auf Vernachlässigung und als lieblos empfundenes Verhalten. Diese späteren Erwachsenen wollen sich nicht umsorgen lassen. Das tun sie selbst. Der Mensch hat als Kind erlebt, daß er nur geliebt wird, wenn er gibt.

Im Hintergrund steht eine starke Sehnsucht nach Liebe und Annahme und gleichzeitig eine Wut und Aggression, vernachlässigt worden zu sein.

Die Schulphobie

Eine Störung, die mit der Angstbindung in Zusammenhang steht, ist die Schulphobie. (Auch die Agoraphobie im Erwachsenenalter gehört dazu. Unter Agoraphobie wird »Platzangst« verstanden. Es handelt sich um eine neurotisch bedingte Furcht, freie Plätze oder Straßen allein zu überqueren. Auch die Furcht vor Menschenansammlungen gehört in die gleiche Kategorie.)

Was drückt das Kind mit Schulphobie aus?

– Das Kind verweigert den Schulbesuch und reagiert mit panischer Angst, enge Beziehungspersonen zu verlieren.

– Oft war die Mutter in ihrer Kindheit selbst gebunden und benutzt jetzt das Kind, um ihre eigenen Bedürfnisse zu befriedigen. Die Mutter klammert das Kind. Sie kann es nicht loslassen.

– Das Kind reagiert mit Angst, der Mutter könnte etwas zustoßen.

Trotz als aggressive Störung im Kindesalter

Viele Eltern werden mit dem Trotz ihres Kindes konfrontiert. Wie äußert er sich?

– Das Kind schreit.

– Das Kind läßt Türen knallen.

– Das Kind stampft mit den Füßen auf.

– Das Kind bockt und schweigt.

Trotz ist Widerstand. Das Kind will sich behaupten.

Es gibt ein aktives und ein passives Trotzverhalten. Der aktive Trotz äußert sich

– in einem unkontrollierten Bewegungsdrang,

– in lautem Weinen und Schreien.

– Das Kind widersetzt sich kämpferisch den Erwachsenen.

Das passive Trotzverhalten äußert sich

– in spannungsvoller Anpassung,

– im Steifwerden und Steifmachen des Körpers,

– in totaler Verweigerung.

– Das Kind kehrt der Außenwelt den Rücken.

Beide Verhaltensweisen sind Demonstrationen kindlichen Machtstrebens.

Aufgabe der Eltern ist es, das Kind liebevoll an die Gemeinschaft heranzuführen. Das Kind soll kooperativ in der

Gemeinschaft eingebunden sein. Es soll einen eigenen Willen und eigene Ziele entwickeln.

Wichtig ist,
- daß das Kind ernstgenommen wird;
- daß das Kind lernt, seine Bedürfnisse mit denen der Erwachsenen in Einklang zu bringen;
- daß das Kind nicht verwöhnt und nicht entmutigt wird;
- daß das Kind nicht überkompensieren muß, um Größe und Macht zu erzwingen;
- daß das Kind durch Trotz nicht eine überhöhte Aufmerksamkeit erhält;
- daß das Kind sich nicht zurückgesetzt fühlt.

Was kann der Erzieher tun?
1. Er muß seine Erziehungsziele überprüfen. Will er herrschen, will er Gehorsam erzwingen?
2. Kann er dem Kind einen größeren Freiheitsspielraum zubilligen? Kann er die Bedürfnisse des Kindes akzeptieren?
3. Kann er das Kind so erziehen, daß das Kind nicht widerspenstig, trotzig, aggressiv und rebellisch reagieren muß? »Ihr Eltern, behandelt eure Kinder nicht so, daß sie widerspenstig werden.« (Eph. 6,4).

Aggression und Scham

In der Erziehung spielen Scham und Beschämung eine große Rolle. Seit dem Sündenfall ist die Scham in der Welt. Das Kind lernt sehr schnell, daß es sich schämen soll, wenn es Unrechtes getan hat. Es schämt sich, wenn Eltern oder Erzieher Mißfallen zeigen.

Der Therapeut Michael Titze schreibt über den Zusammenhang von Scham und Aggression: »Die Furcht vor dem ›bösen Blick‹ begleitet den Menschen seit uralten Zeiten. Die Verhaltensforschung hat eine Vielzahl von magischen Abwehrsymbolen und -ritualen erfaßt. Sie werden teilweise noch in der

Gegenwart verwendet, um den bösen Blick zu bannen. Für Otto Koenig ist das ein Beweis für die ›untrennbare Doppelfunktion‹ des Blickes. Diese besteht darin, anzulocken und abzuwehren, Interesse zu wecken und auf Distanz zu halten, Liebe zu vermitteln und Aggressivität zu signalisieren.

Für die Entstehung von Scham sind gerade die aggressiven Anteile des Blickes von Bedeutung. Eine selbstbezogene Mutter kann sich primär nicht auf die Bedürfnisse ihres Kindes einstellen. Sie geht vielleicht davon aus, daß ihr Kind seine Daseinsberechtigung erst dadurch erhält, indem es für sie allein existiert. Das Kind soll von Anfang an ein Teil ihrer Welt sein (...) Wenn sich eine solche Mutter in ihrem narzistischen Anspruch jedoch enttäuscht fühlt, wird sie sehr wahrscheinlich mit unverkennbaren Anzeichen von Gekränktsein reagieren. So kann sie sich etwa abrupt von ihrem Kind abwenden und ihm durch viele nonverbale Signale mitteilen, daß es böse ist.«[10]

Welche Erziehungspraktiken werden deutlich?
– Das Sprichwort sagt es unüberhörbar:
  »Blicke können töten.«
  Die Augen sind der Spiegel der Seele. Sind wir glücklich, strahlen sie, sind wir traurig, spiegeln sie Trauer und Bedrücktsein wider. Im Zorn blitzen sie aggressiv auf.
– Der Säugling, der sehr früh lernt, die Blicke der Mutter zu deuten, spürt Wärme, Zuneigung, Enttäuschung und Aggressivität. Man sagt, daß Babys schon nach der fünften Woche die Blicke der Mutter erwidern können. Erzieher sprechen mit den Augen. Viele Eltern sagen: »Wir konnten unser Kind mit den Augen leiten.«
– Wenn Augen Zuneigung, Mißmut, Abwehr, Ablehnung und Zorn widerspiegeln können, was geht dann in einem Kind vor, das mit entsprechenden Blicken konfrontiert wird?
  Überstrenge Eltern können im Kind große Schuldgefühle und Scham hervorrufen. Das Kind fühlt sich nicht o.k. Augen, die das Kind vernachlässigen, Augen, die mit bösen

Blicken das Kind strafen, rufen Angst und Beschämung hervor.

Viele erwachsene Menschen reagieren mit Schuldgefühlen, wenn sie nur von fern einen Polizisten entdecken. Sie kontrollieren ihre Fahrweise oder überprüfen ihr »Schuldkonto«, weil sie den fragenden und schuldeinflößenden Blick der Eltern auf den Polizisten übertragen.

– Liebe und Aggression gehören zusammen.

Eltern und Erzieher, die lieben, fühlen sich leicht genervt, wenn das Kind unangemessen reagiert.

• Es ist in sein Spiel vertieft.
• Gedankenlos ist es mit anderen Plänen beschäftigt.
• Es hat Schmerzen und kann sie nicht äußern.
• Die Geschwister sind im Weg und stören.
• Es ist allein und will beschäftigt werden.

Auch die Eltern sind nicht immer gut drauf. Sie haben Streit untereinander, hatten Aufregung in der Firma, haben Probleme mit Finanzen, leiden unter Zeitnot und werden aggressiv, wenn nicht alles wie am Schnürchen funktioniert. Mit anderen Worten: Aggressionen sind trotz Liebe und Zuneigung nicht zu vermeiden.

– Aggressivität der Eltern provoziert Aggressionen beim Kind.

Je unkontrollierter Eltern reagieren, sich womöglich auf ihre Nervosität herausreden, desto eher fördern sie möglicherweise im Kind aggressive Attacken. Eltern schimpfen, schlagen und lassen ihre Wut am Kind aus. Kinder können sich mit den Eltern identifizieren, benutzen ähnliche Muster und wenden sie bei Spielkameraden an.

– Kinder lernen, ihre Aggressivität zu unterdrücken.

Eine gegenteilige Methode, die das Kind praktizieren kann: Es nimmt die Wut nach innen. Diese Kinder haben sich dafür entschieden, den Eltern gehorsam zu sein.

• Sie wollen nicht auffallen.
• Sie wollen die Liebe der Eltern nicht verlieren.
• Sie können den Liebesentzug der Eltern nicht ertragen.

- Sie schätzen die Zuwendung der Eltern höher ein als die Verwirklichung eigener Wünsche.
- Sie verzichten auf Konflikte, auf Streit und auf Auseinandersetzungen.

Die Folge: Im späteren Leben gehen sie den unteren Weg, leiden im Innern, reagieren mit psychosomatischen Störungen und verzichten auf Kampf und die Fähigkeit, sich in kritischen Situationen durchzusetzen.

– Die Beschämung hat funktioniert.

Scham und Schuldgefühle sind in solchen Kindern und späteren Erwachsenen so groß, daß sie

- bereitwillig auf ihre Rechte verzichten,
- bereitwillig den Forscheren den Vortritt lassen,
- bereitwillig Ansprüche preisgeben, aber im Herzen und in Gedanken unzufrieden und wütend auf sich reagieren.

Persönlichkeitsstruktur und Aggression

Persönlichkeitsstrukturen haben in der Geschichte der Menschheit immer eine Rolle gespielt. Forscher, Philosophen und Ärzte versuchten, den komplizierten Menschen zu verstehen, und haben ihm verschiedene Typen und Temperamente zugeordnet. Bekannt ist die Temperamentlehre des griechischen Arztes Hippokrates, der um 370 v. Christi Geburt lebte. Der norwegische Theologe Ole Hallesby hat 1927 diese Temperamentlehre aufgegriffen und für die christliche Seelsorge nutzbar gemacht.

Weit bekannt wurde der Arzt und Tiefenpsychologe Fritz Riemann mit seinen vier »Grundformen der Angst«, der die Menschheit in vier hervorstechende Charaktereigenschaften einteilte.

Ein Konzept, das in den vergangenen Jahren viel von sich reden machte, ist in dem Buch des Franziskanerpaters Richard Rohr enthalten, der das »Eneagramm« beschrieb, die neun Gesichter der Seele. Ein Konzept, das der östlichen Weisheitstradition der Sufis entstammt. Junge und Alte, die uns täglich begegnen, tragen nicht selten Züge dieser geschilderten Typologien. Da gibt es offene, zugewandte, zupackende und kommunikationsfreundliche, aber auch stille, schweigsame, introvertierte und zurückgezogene Menschen. Innerhalb der verschiedenen Typologien gibt es auch Menschen, die stärker als andere zu Wutausbrüchen und Aggressionen neigen.

Die aggressive Struktur des Cholerikers

Es leuchtet ohne weiteres ein, daß es weiche, konfliktscheue und unaggressive Menschen gibt, und solche, die kämpfen, lospoltern, verbal oder nonverbal aggressiv agieren. Selbstverständlich gibt es keine »reinen« Typen. Wir alle sind eine Mischung aus verschiedenen Persönlichkeitsstrukturen.

Da ist der *Choleriker*.

Der griechische Arzt Hippokrates hat ihn schon vor einigen tausend Jahren beschrieben. Choleriker sind gekennzeichnet durch feste Kontrolle, durch klare Entscheidungen, durch Unabhängigkeit und Kraft, durch Dynamik, Mut und Arbeitswut.

Sie können im allgemeinen keinen Widerspruch ertragen. Sie kommen so richtig in Fahrt, wenn Widerstand aufbricht. Choleriker sind gute Führer, durchsetzungsfähig, aber auch herrschsüchtig. Sie versuchen andere zu kontrollieren und zu manipulieren. Ihr Stil ist häufig angriffslustig und aggressiv. Sie können nicht entspannen. Ungeduldig steuern sie auf ihr Ziel los. Durch ihren Erfolgszwang üben sie auf ihre Umgebung einen aggressiven Druck aus.

Was drückt der Choleriker mit aggressiven Verhaltensmustern aus?

– Choleriker sind häufig herrschsüchtig; sie wollen bestimmen und recht behalten. Leicht vergreifen sie sich dabei im Ton. Weil sie auf Menschen weniger angewiesen sind, können sie sich Schärfe und Aggressivität erlauben. Wer ihnen Widerstand leistet, wird »abgeschossen«.

– Choleriker wollen fehlerlos sein und korrigieren jeden Fehler bei anderen. Da sie es nicht nötig haben, verbindlich zu sein, sind ihre Anweisungen grob und angriffslustig.

– Choleriker wollen führen, werden dominant, riskieren Lautstärke und scheuen sich nicht, andere zu verletzen.

– Choleriker sind nicht selten Workaholics (Arbeitssüchtige). Sie treiben sich und andere an. In ihrer Ungeduld steigern sie sich schnell in Aggressivität hinein.

– Choleriker neigen zum Perfektionismus. Der macht unzufrieden und steigert die innere und äußere Aggression.

Der Schizoide und seine Schattenseite

Die Grundstruktur der schizoiden Persönlichkeit ist gekennzeichnet durch Unabhängigkeit, durch Sachlichkeit, durch Rationalität, durch Zurückgezogenheit.

Neben der Stärke spiegelt jede Charakterstruktur auch Schwächen wider. Zu den Schwächen dieses Typs gehören:
– ein aggressives Mißtrauen,
– eine Bindungslosigkeit,
– eine Menschen- und Lebensfeindlichkeit.

Es ist auch nachzuvollziehen, wenn Riemann die Zunahme von Gewaltdelikten und Zerstörungswut Jugendlicher auf die zunehmende Schizoidisierung unserer Gesellschaft zurückführt. Er beschreibt die destruktiven Folgen so:

»Sie leben ihre Affekte und ihren Haß bedenkenlos und rücksichtslos aus, wie von einem Vernichtungsdrang besessen, den wir von schwer gestörten schizoiden Patienten kennen. (...) Eine unheimliche, weil schwer einfühlbare Form der Aggression ist immer häufiger zu finden: Mord und Totschlag, nicht aus uns sonst bekannten und noch verständlichen Motiven wie aus Not, Eifersucht, Besitzgier oder Rache, sondern als Ausdruck einer allgemeinen Menschenverachtung und Lebensfeindlichkeit, wie wir sie aus dem Mangel oder dem Verlust an tragenden Bindungen und Sinngebungen kennen.«[11]

Was drückt der Schizoide mit aggressiven Mustern aus?

– Der Schizoide schirmt sich gegen andere ab, notfalls mit Gewalt. Jähzornanfälle dienen ihm dazu, Partner oder Angehörige auf Distanz zu halten.
– Der Schizoide fühlt sich nicht verstanden; er reagiert mißtrauisch und kann dabei zu aggressiven Verhaltensmustern greifen.
– Der Schizoide braucht andere Menschen weniger; er begegnet ihnen daher distanziert, schroff und rigide.

– Der Schizoide will führen; es geht ihm in erster Linie um die Sache, nicht um Menschen. Wenn es sein muß, geht er über Leichen.

Der Typus EINS im Eneagramm

Das Eneagramm, das der Franziskanerpater Richard Rohr in der westlichen Welt bekanntgemacht hat, will den Menschen Hilfe zur Selbsterkenntnis geben. Das Eneagramm ist eine sehr alte Typenlehre, die neun verschiedene Charaktere beschreibt. Alle Menschen sind zwar verschieden, doch *ähneln* sich viele. Die Ähnlichkeit erleichtert es Beratern und Seelsorgern, Ärzten und Therapeuten, bestimmten charakterlichen Eigenarten schneller auf die Spur zu kommen. Auch das Eneagramm verfolgt das Ziel, den Menschen einen Spiegel vorzuhalten und ihnen auf dem Weg zu Gott behilflich zu sein. Wie bei der Vierertypologie gibt es auch bei den »neun Gesichtern der Seele« Stärken und Schwächen. Es geht darum, Leidenschaften, Lebenslügen und destruktive Verhaltensmuster zu erkennen und zu bekennen.

Was kennzeichnet den Typ EINS?
– EINSer sind Idealisten, auf der Suche nach Wahrheit und Gerechtigkeit.
– EINSer tun sich schwer, eigene und fremde Unvollkommenheiten zu akzeptieren.
– EINSer sind Musterkinder.
– EINSer stellen Moral und Ordnung in den Vordergrund, sind nicht selten Ordnungsfanatiker.
– EINSer haben die Eigenart, sich selbst zu verleugnen und selbst zu bestrafen.
– EINSer sind häufig »wandelnde Dampfkochtöpfe« (Richard Rohr).

Wie lautet die Wurzelsünde des Typs EINS?

Richard Rohr, der sich selbst als EINSer bezeichnet, schreibt: »Wir EINSer sind auf uns selbst zornig. Der Zorn ist die *Wurzelsünde* der EINS. Wir EINSer schämen uns nämlich für unseren Zorn! Wir vermeiden es, Ärger, der uns motiviert und antreibt, zuzulassen, und können weder vor uns selbst noch vor anderen zugeben, daß wir aggressiv sind. Denn auch Ärger ist für uns etwas Unvollkommenes. Musterkinder sind nicht wütend. Innerlich kochen wir vor Wut, weil die Welt so verdammt unvollkommen ist. Aber wir artikulieren unsere Aggression nicht als solche.«[12]

In einem Folgeband beschreibt Richard Rohr noch einmal die aggressiven Tendenzen des Typs EINS: »Die EINS ist fortwährend von der Realität enttäuscht, weil sie immer hofft: Jetzt kommt endlich mal was Vollkommenes. Diese Enttäuschung verdichtet sich zur Wut. Es ist nicht die Wut auf irgend etwas Bestimmtes, sondern ein gestaltloser, universeller Ärger über die Unvollkommenheit der Welt. Dieser Zorn versorgt uns natürlich mit einer Menge Energie für unseren Versuch, die Welt zu verbessern. Aber es ist aggressive Energie (...) Die Wut der EINS sieht nicht aus wie Wut. Auf den ersten Blick wirkt sie wie Idealismus. Sie wirkt wie eine Tugend. Und diese Wut ist nicht nur für andere verborgen, sondern auch für die EINS selbst (...) Diese schnellen Urteile werden schließlich zu einem Dauerzustand von Groll. Das läuft blitzschnell ab: Ärger – Urteil – Groll – Ärger – Urteil – Groll.«[13]

Was drückt die EINS mit aggressiven Mustern aus?

– Die EINS strebt nach Vollkommenheit und Perfektionismus. Daher die ständige Unzufriedenheit mit sich selbst, mit anderen und mit der Welt. Diese Unzufriedenheit setzt große Mengen an Aggression frei.
– EINSer sind Musterkinder. Sie lassen viele Gefühle nicht zu. Sie unterdrücken sie. Innen aber »heulen die Wölfe« (Nietzsche).

- EINSer sind schnell mit dem Urteil dabei. Sie ärgern sich über die Unvollkommenheit. Daher schnelle, lieblose und harte Urteile.
- EINSer sind sehr empfindlich. Sie wollen das Vollkommene; unterlaufen ihnen aber Fehler, sind sie enttäuscht über sich und andere, die das anmerken.
- EINSer reagieren beleidigt, wenn ihre Beiträge nicht ernst genommen werden. Ihre Wut und ihr Zorn werden groß, wenn ihr Anspruch nicht gewürdigt wird.

Aggression hat viele Gründe, viele Motive und viele Ausdrucksformen. Es gibt Persönlichkeitsstrukturen, die ihre Wut und ihre Aggression herauslassen, andere, die sie nach innen fressen und Leib und Seele unter Druck setzen. Immer wieder lautet die Frage:

Was drücken wir mit Wut und Aggressionen aus?

Was wollen wir erreichen?

Was wollen wir bezwecken?

Aggression, Wut und Depression

Wut, Aggression, Zorn und Bitterkeit spielen bei Depressionen eine große Rolle. Symptome, die mit Depressionen häufig verbunden sind, heißen: Erschöpfungszustände, Kraftlosigkeit, Pessimismus, Schlaflosigkeit, Weinkrämpfe, Spannungskopfschmerzen, Migräne, nervöser Magen usw. Der amerikanische Psychiater und Therapeut Dr. Paul Meier beschreibt diesen Zusammenhang so: »In der Realität sieht es nämlich so aus, daß 95 % aller Depressionen durch verdrängte Wut auf sich selbst oder auf diejenigen, die einem übel mitgespielt haben, entstehen. Und die Mehrzahl aller Angstneurosen sind Ausdruck der Furcht vor dem Gewahrwerden verdrängter Wut (...) Jemand hat einmal gesagt, es sei buchstäblich eine schwere Last, Groll mit sich herumzutragen. Wenn man bedenkt, daß 90-95 % aller schweren Depressionen etwas mit Wut und Groll zu tun haben, dann fragt man sich schon, woher all diese Wut kommt. Unsere Erfahrung mit Tausenden von Patienten zeigt, daß es sehr verschiedene Quellen für den sich allmählich ansammelnden Groll gibt:

– Es sind Menschen, die ungerecht und gemein zu uns in der Kindheit waren;
– es sind wir selber, wenn wir uns schlimme Dinge vorwerfen;
– es ist Gott, weil er Boshaftigkeiten, unter denen wir leiden, zuläßt;
– und es können ganz allgemein unsere Lebensumstände sein, weil wir ständig unter Streß stehen oder unerfüllte Erwartungen an uns selbst stellen.«[14]

Was kann der Depressive tun, um mit Aggression, Wut und Zorn fertig zu werden?

1. Wut, Aggression und Verbitterung dürfen nicht verdrängt werden

Wer die Gefühle verdrängt, stellt sich den Problemen nicht. Sie arbeiten im Untergrund weiter. Sie produzieren versteckte Rachegefühle. Sie mobilisieren Enttäuschung, Depression und Versagensgefühle. Gefühle von Wut, Groll und Verbitterung können einen Menschen innerlich und äußerlich zerfressen. Was nicht vergeben wird, was nicht weg-gegeben wird, nagt und belastet.

2. Wer sich der Wut nicht stellt, schiebt die Schuld auch auf Gott

Die Projektion – die Schuldverschiebung – ist ein beliebtes Mittel, Wut und Aggression zu bearbeiten. Der andere ist schuld, die Umstände sind schuld, die Eltern sind schuld, der Partner ist schuld.

Warum hat Gott die Ungerechtigkeit zugelassen? Warum hat Gott damals und heute nicht eingegriffen? Warum hat Gott die bitteren Enttäuschungen und Verlassenheitsgefühle nicht weggenommen?

Die Verschiebung der Schuld auf Gott ist ein Abwehrmechanismus. In Wahrheit ist der Depressive auf andere Menschen wütend, und zwar auf die Mutter, auf den Vater, auf Großeltern, aber auch auf Geschwister, wenn sie den Depressiven mißachteten oder nicht ernst nahmen.

3. Wer sich der Wut und der Aggression nicht stellt, überspielt sie

Viele Christen, die mit Depressionen kämpfen, verstellen sich. Andere sollen ihre Wut und Verbitterung nicht spüren. Sie haben Angst, daß ihnen der geistliche Puls gefühlt wird.

Hinter einem aufgesetzten Lächeln sagen sie: »Ich habe keine Probleme!«

Viele »Sonnenschein-Menschen« kämpfen versteckt mit Depressionen. Ihr Lebensstil lautet: »Nur wenn du lächelst, gewinnst du die Menschen. Nur wenn du lächelst, hat man dich gern.« Krankheiten und Leiden sind abstoßende Verhaltensmuster. Sonnenschein-Menschen überspielen. Sie sind unehrlich, und niemand glaubt ihnen, daß sie leiden. Sie leiden innen und strahlen nach außen.

4. Wer sich der Wut nicht stellt, steigert sich in eine masochistische Dulderrolle

Viele Depressive sind hausgemachte Masochisten. Sie gehen allen Konflikten aus dem Weg, vermeiden Gespräche und Kritik. Still leiden sie vor sich hin. Sie dulden und jammern, weil sie nicht den Mut haben, ihre Enttäuschungen zu verbalisieren. Sie fliehen in das Selbstmitleid. Masochisten schlucken Ärger und Wut herunter. Sie lassen sich nichts anmerken. Zorn und Aggression werden ins Unbewußte verlagert. Wer aber Zorn, Wut und Bitterkeit in den Untergrund schiebt, muß seelisch oder körperlich sehr leiden.

5. Wer Wut, Zorn und Bitterkeit loswerden will, muß seine überhöhten Erwartungen abbauen

Depressive sind in der Regel hochgradig ehrgeizig. Ihre Wut und Verbitterung kommen daher, daß sie Erwartungen hegen und pflegen, die weit über dem normalen Horizont liegen.

Die überhöhten Erwartungen richten sie an sich selbst und andere. Ihre perfektionistische Gesinnung macht sie verbittert und wütend.

Sie wollen eine *vollkommene* Ehe;
sie wollen eine *vollkommene* Kindererziehung;
sie wollen eine *vollkommene* Elternschaft;
sie wollen einen *vollkommenen* Glauben;
sie wollen ein *vollkommenes* Leben.

Der Lehrsatz gilt: Je höher die Erwartungen, desto tiefer die Enttäuschungen. Wer das Unerreichbare trotzdem anstrebt, wird in Zorn, Wut und Bitterkeit enden.

6. Wer die Depression nur mit Medikamenten bekämpft, behält Wut, Zorn und Aggression

Dr. Paul Meier charakterisiert diese einseitige Behandlung so:
»Wer nur ein Antidepressivum nimmt, aber nichts gegen die tief im Innern schlummernde Wut unternimmt, der wird sich zwar für den Augenblick besser fühlen, weil sich der Serotoninspiegel erholt und die Beschwerden verschwinden. Doch in dem Moment, da er die Medikamente absetzt, herrscht wieder Serotoninmangel, und die Depressionen sind auch wieder da. Solange der Betreffende seinen Groll – bewußt oder unbewußt – nicht verarbeitet, so lange wird er an Serotoninmangel und an Depressionen leiden und von einem Medikament abhängig sein. Er wird die Symptome (die Depression) zu kurieren suchen, aber nicht die Ursachen (seine verdrängte Wut).«[15]

Deutlich wird:

- Die Einnahme von Antidepressiva ist nicht falsch. Die Therapie ist aber einseitig. Die Ursachen und Hintergründe der Depression bleiben im dunkeln.
- Die Einnahme von Antidepressiva ist eine Symptombehandlung.
  Dr. Meier stellt aber fest, daß die eigentliche Krankheit nicht allein mit Medikamenten behandelt werden darf.
- Therapeutische Seelsorge will keine Symptombehandlung. Symptomkosmetik beinhaltet eine zudeckende Seelsorge. Unter Herr will Sünden, die erkannt und bekannt wurden, zudecken. Vor dem Zudecken steht aber das Offenlegen der versteckten Sünden und Fehlziele.

7. Wer Zorn, Wut und Aggressionen loswerden will, muß vergeben

Es geht nicht um eine moralische Verpflichtung. Vergebung ist die Möglichkeit, mit den deprimierenden Gefühlen fertig zu werden. Wir müssen denen vergeben, die uns etwas angetan haben. Wir müssen auch Gott um Vergebung bitten, dem wir viele Vorwürfe und versteckte Wutausbrüche zugemutet haben.

»Bitterkeit und Rachegelüste in einem nicht vergebungsbereiten Geist werden dauerhafte Schäden anrichten, es sei denn, wir befreien uns endlich davon. Wie bei einer Zwiebel müssen wir Schicht um Schicht abtragen.«[16]

Aggression, Wut und Serotoninmangel

Die Forschung hat unzweideutig nachgewiesen, daß Depression, Wut und Bitterkeit auch mit Serotoninmangel zu tun haben. Der Psychiater und Therapeut Dr. Paul Meier kennzeichnet den Zusammenhang so: »Serotonin ist eine natürliche Substanz, die man in den Synapsen, den Übergangsstellen zwischen den Nervenfasern, überall im Körper findet. Wenn wir denken oder uns bewegen, dann wandert Serotonin über den kleinen Spalt der Synapse von einer Zelle zu anderen und übermittelt das richtige Signal. Da das Gehirn auf Serotonin angewiesen ist, wie ein Auto Benzin braucht, kann man sagen, daß beiden Männern (die Dr. Meier beschreibt) das Serotonin ausgegangen war – geistig und seelisch. Wenn wir verbittert sind, gibt das Gehirn zuviel Serotonin ins Blut ab, und dort wird es aufgespalten, so daß es als Substanz verlorengeht und über den Harn ausgeschieden wird. Wenn das geschieht, leiden wir an den klassischen Symptomen der Depression: Schlaflosigkeit, Antriebsschwäche, Niedergeschlagenheit, Kopfschmerzen und Selbstmordgedanken. (...) In den meisten Fällen ist unterdrückte Wut die eigentliche Ursache für die Depression eines Patienten.

Und solange er einem Menschen nicht vergeben kann, der an ihm schuldig geworden ist, so lange wird sein Gehirn Serotonin ausscheiden, und die Depression wird bleiben – vielleicht ein Leben lang.«[17]

Welche Schlußfolgerungen ziehen wir aus diesen Forschungsergebnissen?

Schlußfolgerung 1:
Eine Selbstüberforderung kann Wut und Verbitterung auslösen
Eltern, die perfektionistische Erwartungen an ihre Kinder haben, ausgesprochen oder nicht ausgesprochen, animieren sie, perfektionistisch zu denken und zu leben. Die Kinder überfordern sich, weil sie diesem Anspruch gerecht werden wollen. Sie schaffen es nicht. Die Enttäuschung über den zu hohen Selbstanspruch ist mit Wut und Bitterkeit verbunden.

Schlußfolgerung 2:
Verbitterung und Wut bauen das Serotonin im Körper ab
Das Gehirn gibt das notwendige Serotonin ins Blut ab. Es spaltet sich und wird über den Harn ausgeschieden. Verbitterung

und Wut haben also einen direkten Einfluß auf die Hormon-produktion. Wir sollen Gott mit Leib, Seele und Geist verherrlichen. Die drei Dimensionen unseres Lebens bilden eine Einheit. Von daher sind Depressionen zum Teil auch hausgemacht.

Schlußfolgerung 3:
Antidepressiva werden vom Arzt als Überbrückung geboten
Ist der Ratsuchende nicht bereit, an den Ursachen und Motiven seiner Wut zu arbeiten, ist er in der Regel weiterhin auf Antidepressiva und Serotoningaben angewiesen. Wut, Aggression und Bitterkeit halten den Serotoninmangel aufrecht.

Schlußfolgerung 4:
Vergebung ist ein wichtiger Weg, Wut und Zorn zu verarbeiten
Vorher ist es notwendig, die Auslöser für Wut, Zorn, Bitterkeit und Aggression konkret zu benennen. Zorn ist die Folge von destruktiven Gedanken. Was wollen wir mit Wut und Zorn bezwecken? Welche offenen oder versteckten Ziele schweben uns vor?

Wollen wir den anderen bestrafen?
Wollen wir uns an ihm rächen?
Wollen wir ihn leiden lassen?
Wollen wir uns moralisch über ihn erheben?
Diese Fehlziele und ungeistlichen Praktiken müssen *er*kannt und *be*kannt werden.

Vergebung hat mit weggeben zu tun. Wir befreien uns von selbstschädigenden Denk- und Verhaltensmustern.

Schlußfolgerung 5:
Verschiedene Lebensgewohnheiten und Krankheiten können Serotoninmangel bewirken
Leider gibt es weitere Serotoninräuber. Dazu gehören:
– zu wenig Schlaf,
– häufiger Genuß von Alkohol und Marihuana,
– süchtig machende Medikamente,
– Betablocker, die gegen Bluthochdruck verordnet werden.

»Auch verschiedene Krankheiten können Serotoninmangel bewirken. Dazu gehören Hypothyreose (Unterfunktion der Schilddrüse), Hirntumore, bestimmte Krebserkrankungen, viele Virusinfektionen einschließlich der Mononukleose und der normalen Grippe.«[18]

Schlußfolgerung 6:
Auch das »Manisch-depressive-Kranksein« hat mit Serotonin-mangel zu tun
Die Stimmung dieser Kranken schwankt zwischen Depression und Manie (Raserei, Wahnsinn). Extreme Euphorie und extreme Niedergeschlagenheit wechseln einander ab.

Die manisch-depressive Psyche läßt sich ärztlich mit Anti-depressiva gegen die Niedergeschlagenheit und mit Lithium gegen die euphorische Manie behandeln.

Schlußfolgerung 7:
Aggression und Verbitterung ziehen häufig Selbstmordgedanken nach sich
Selbstmordgedanken beinhalten eine enorme Wut gegen sich selbst. Der Depressive, der Angst hat, andere zu verletzen, der nicht anecken will, der lieber schluckt, als sich zu offenbaren, verlagert seinen Zorn nach innen. Er lädt sich mit Bitterkeit auf. Er vergiftet sein Inneres.

Noch einmal Dr. Paul Meier:
»Zu den Begleiterscheinungen von Depressionen, die man nicht ernst genug nehmen kann, gehört es, daß man auf den Gedanken kommt, sich das Leben zu nehmen. (...) Der Serotoninmangel kann sich bei einem normal empfindenden Menschen derart gravierend auswirken, daß er den Freitod für die einzige logische Befreiung von seinen Depressionen hält und ihn deshalb herbeisehnt.«[19]

Schlußfolgerung 8:
Wir dürfen Wut, Zorn und Bitterkeit nicht grundsätzlich als Sünde ansehen

Leider tun das viele Christen. Sie wurden schon als Kinder angewiesen, Zorn, Wut und Aggression nicht zuzulassen. Wut und Zorn wurden grundsätzlich als Sünde charakterisiert. Die Folge: Der Mensch reagiert mit großen Schuldgefühlen.

Schauen wir in die Bibel, da heißt es bei Jakobus: »Jeder soll stets bereit sein zu hören, aber sich Zeit lassen, bevor er redet, und noch mehr, bevor er zornig wird« (Jak. 1,19).

Jakobus unterstellt Zorn. Paulus ebenso, wenn er schreibt: »Versündigt euch nicht, wenn ihr in Zorn geratet« (Eph. 4,26).

Seit die Sünde in der Welt ist, gehören auch Zorn, Wut und Bitterkeit zum menschlichen Leben.

Zorn hat viele Gesichter. Viele Ratsuchende erleben statt Zorn Kränkungen, Beleidigtsein, Enttäuschungen und Frustrationen. Sie machen sich nicht klar, daß die genannten Gefühlsreaktionen durchaus mit Zorn und Aggression zu tun haben.

Der Psychiater James Dobson ging den Fragen nach:
– Ist jedes Gefühl von Zorn Sünde?
– Wie kann man mit starken negativen Gefühlen umgehen, ohne die biblischen Maßstäbe zu verletzen?
– Wie kann man mit Zorn umgehen, ohne seine Gefühle zu verdrängen?
– Kann ein Christ ohne Gefühle von Aggression und Feindseligkeit leben?

Dobson wörtlich:

»Dieser Vers bedeutet, so wie ich ihn verstehe (›Zürnt ihr, so sündigt nicht‹; Eph. 4,26), daß es einen Unterschied gibt zwischen *aggressiven Gefühlen* und einer zerstörerisch wirkenden Feindseligkeit, die in der Heiligen Schrift verurteilt wird. (...) Wir sollten bedenken, daß Zorn nicht nur eine gefühlsmäßige Angelegenheit ist – er ist auch biologisch bedingt. (...) Für Situationen dieser Art ist der menschliche Körper mit einem Verteidigungsmechanismus ausgestattet, dem Flucht- bzw. Angriffstrieb, der den gesamten Organismus zum Kampf vorbereitet. Adrenalin wird ins Blut ausgeschüttet, was eine Reihe physiologischer Reaktionen im Körper bewirkt. Der Blutdruck steigt bei entsprechender Beschleunigung der Herzschläge, die Pupillen erweitern sich zur Verbesserung des peripheren Sehens; die Hände schwitzen; der Mund wird trocken; die Muskeln sind plötzlich mit Energie geladen. Innerhalb von wenigen Sekunden wird der Mensch aus einem Ruhezustand in den Alarmzustand versetzt. *Besonders zu beachten ist, daß diese Reaktion nicht mit dem Willen gesteuert werden kann.* Sind erst einmal Flucht- und Angriffshormone freigesetzt, kann man die aggressiven Gefühle nicht mehr leugnen, die sie auslösen. Es wäre dasselbe, als wollte man die Existenz von Zahnschmerzen leugnen oder die irgendeines anderen physischen Ausnahmezustandes. Und da Gott dieses System geschaffen hat als ein Mittel, durch das sich der Körper vor Gefahren schützen kann, glaube ich nicht, daß ER uns wegen dessen richtigen Funktionierens verurteilt.«[20]

Welche Konsequenzen hat das für unser christliches Leben?

– Die Biochemie unseres Körpers können wir nicht ohne weiteres steuern, aber die Reaktionen auf aggressive Gefühle. Wo kommen sie her? Fördern und kultivieren wir sie? Genießen wir Zorn und Wut?
  Wer Aggressionen pflegt, gibt seinem Verteidigungsmechanismus ständig neue Arbeit.
– Aggressive Gefühle werden zur Sünde, wenn wir der Feindseligkeit freien Lauf lassen. Unsere Feinde zu lieben ist eine Revolution christlicher Liebe. Wir haben sie nicht im Blut. Wir können sie nur von Gott erbitten.
– »Versündigt euch nicht, wenn ihr in Zorn geratet!« Paulus unterstellt aggressive Gefühle, aber er spricht unseren Willen an, diese Gefühle nicht zur Sünde eskalieren zu lassen. Gott sprach den Kain an, als er von aggressiven Gedanken und Gefühlen übermannt wurde: »Du aber, herrsche über sie!« Gott fordert nicht, was wir nicht halten können.

– Aggressivität ist auch eine Frage der Persönlichkeitsstruktur. Schizoide Menschen, die unabhängiger, distanzierter und eigenwilliger leben, können leicht aggressiver und unängstlicher als andere Persönlichkeitsstrukturen ihre Aggressivität äußern. Ihnen ist es gleich, was andere denken und von ihnen halten.

Depressive Menschen reagieren masochistisch, schlagen sich selbst und nehmen die Aggression nach innen.

Auch der Hysteriker, der das Herz auf der Zunge hat, kann seine Aggressionen schlecht beherrschen. Wut und Zorn sind draußen, ehe er tiefer nachgedacht hat. Er steht in der Gefahr, leichter andere Menschen zu verletzen. Ihm passiert es, daß er schnell in »Fettnäpfchen« tritt.

– Wer seine Persönlichkeitseigenarten kennt, weiß, was er ins Gebet nehmen muß, um Aggressionen abzuwehren, um Mitmenschen nicht zu verletzen oder um sich selbst vor autoaggressiven Attacken zu schützen.

– Viele Frustrationen lösen Aggressionen aus.

Diese Enttäuschungen und Versagenserlebnisse sind nicht zu vermeiden:

Sie sind *übermüdet* und werden von Angehörigen gefordert.

Sie werden *gereizt* und können Ihren Zorn nicht zügeln.

Sie werden unschuldig *gekränkt,* können nicht richtigstellen.

Sie werden absichtlich oder unabsichtlich *zurückgestoßen,* aggressive Gedanken und Gefühle steigen mehr oder weniger stark in Ihnen hoch. Wir bleiben Menschen aus Fleisch und Blut, und »die Sünde ruht vor der Tür«.

Verschiedene Reaktionsmuster,
mit Zorn und Aggression umzugehen

Jeder Mensch hat Muster trainiert, wie er Aggressionen bearbeitet. Die Reaktionsmuster verlaufen häufig unerkannt und unverstanden. Die Muster wirken automatisch. Die Gewohnheit, auf Zorn zu antworten, bestimmt die Art der Verhaltensweisen. Muster, die häufig benutzt werden, sollen im folgenden vorgestellt werden.

Die Methoden, Aggressionen zu verarbeiten, spiegeln die unterschiedlichsten Persönlichkeiten wider.
– Die einen leben Aggressionen lautstark verbal aus.
– Die anderen nehmen die Aggressionen nach innen und drücken sie mit dem Körper aus.
– Wieder andere bagatellisieren, verharmlosen und verkleinern die Aggression, aus Angst vor Streit und Auseinandersetzung.
– Daneben gibt es Menschen, die getarnte Strategien benutzen, die als aggressive Techniken nicht durchschaut werden.
– Der Lebensstil eines Menschen enthält seine ihn kennzeichnenden Umgangsmuster, Zorn und Aggression auszudrücken.

Muster 1: Die Krise umgehen
Ein Partner will die Krise, in die er geraten ist, nicht wahrhaben. Er leugnet im Herzen die eheliche Schwierigkeit, die besteht. Häufig sind es Männer, die Probleme und Reibungen ausblenden. Sie gehen Konflikten aus dem Weg. Es handelt sich um Konfliktvermeider. Der Mann schläft ein, während mit ihm geredet wird. Seine Abwehr funktioniert bis ins Körperliche hinein. Oder er muß plötzlich etwas Dringendes erledigen. Er drückt sich auf diese Weise vor Krisen und Konflikten. Auch im geschilderten Zusammenhang bleibt die Frage wichtig: Wovor drückt er sich genau? Hat er Angst, daß er im Gespräch überrollt wird, daß er seinem Partner verbal nicht

gewachsen ist? Die Änderung muß diese Fragestellung berücksichtigen.

Muster 2: Schuld auf sich nehmen

Auch dieser Mensch weicht der Konfrontation aus, indem er alle Schuld auf sich nimmt. Was will er damit bezwecken? Er vermeidet Auseinandersetzungen, Angriffe und Vorwürfe.

Das uneingeschränkte Schuldbekenntnis veranlaßt den Partner, seine Angriffe einzustellen und auch mit Schuldgefühlen zu reagieren. Wer dem Partner Schuldgefühle macht, lenkt dadurch geschickt von seinem Beschuldigtwerden ab. Gekonnt wehrt er den Angriff ab.

Muster 3: Thema wechseln

Eine beliebte Methode, der Konfrontation auszuweichen: Wenn Zorn bei einem Partner auflodert, wechselt der andere das Thema. Er lenkt ab. Die Krise ist überspielt. Diese »Taktik« beherrschen schon Kleinkinder. In der Familientherapie habe ich erlebt, daß diese genau in dem Augenblick zu weinen beginnen oder einen der beiden Elternteile in Beschlag nehmen, wenn Auseinandersetzungen zwischen den Eltern zur Sprache kommen. Unverstanden lenken Kinder ab und wechseln das Thema. Möglich ist es, daß bei den Eltern diese Ablenkung entgegenkommt. Das »Spiel« funktioniert wie am Schnürchen. Beide befürchten eine Eskalation. Es versteht sich von selbst, daß diese Abwehrstrategien keine Lösung beinhalten.

Muster 4: Durch Kritik ablenken

Auch hinter dieser Methode versteckt sich eine Abwehrstrategie. Kritik beinhaltet Angriff. Und »Angriff ist die beste Verteidigung«, sagt das Sprichwort. Die Taktik ist ein Lebensstilmuster. Statt sich mit dem Konflikt ernsthaft gemeinsam auseinanderzusetzen, wird die Aufmerksamkeit auf einen Kritikpunkt gelenkt, der von dem Vermeider in den Raum gestellt wurde. »Hast du die Kinder eigentlich schon ins Bett gebracht?

Wir können uns nicht richtig unterhalten, solange die hier rumtoben. Ich bin nicht in der Lage, mich zu konzentrieren!« Die Partnerin bekommt Schuldgefühle, springt auf und versucht, die Kinder schnellstens ins Bett zu bringen. Und anschließend? Der Mann ist von dem ganzen »Theater« so genervt, daß er keine Lust mehr verspürt, die Auseinandersetzung fortzusetzen. Der Konflikt wird aufrechterhalten. Die Spannung bleibt.

Muster 5: Schlichten

Diese Verhaltensstrategie ist auch ein verstecktes und häufig praktiziertes Vermeidungsverhalten. Der »Schlichter« umgeht die offene Auseinandersetzung. Er ist lieb und nett und tut alles, um dem Partner keine Angriffsfläche zu bieten. Sein Angepaßtsein nimmt dem Konflikt die Schärfe. Das Verhalten sieht christlich und friedliebend aus. Im Grunde wird die Krise heruntergespielt, der Ernst des Konfliktes bagatellisiert. Ein ernsthafter Schlichter kann nur ein Dritter sein. Er übernimmt die Rolle eines unparteiischen Vermittlers. In Partnerbeziehungen stehen bei Auseinandersetzungen zwei Meinungen einander gegenüber. Die Vorurteile der beiden müssen so bearbeitet werden, daß die Beteiligten wieder Frieden schließen können. Das Frieden-um-jeden-Preis-Verhalten geht in der Regel zu Lasten eines Partners. Er leidet, frißt die Unzufriedenheit in sich hinein und glaubt auch noch, der geistlich Reifere zu sein. Wer schweigt und leidet, hat aus ungeistlichen Motiven gehandelt.

Muster 6: Fallen stellen

Hier handelt es sich um eine gemeine Umgangsstrategie. Sie ähnelt einem Rache- und Vergeltungsverhalten. Der Streit wird nicht offen ausgetragen. Aus Angst, aus Unterlegenheitsgefühlen oder aus Bitterkeit und Hilflosigkeit werden racheähnliche Praktiken verwandt. Er sagt: »Hast du was dagegen, daß ich mir heute abend das Konzert mit XYZ anhöre? Du magst den Typ ja sowieso nicht!« Sie sagt: »Geh nur, ich kann dann ja ein Buch lesen.«

Der Mann kommt abends spät nach Hause. Die Frau empfängt ihn mit schrecklichen Vorwürfen, daß er sie allein gelassen hat. Er hätte doch wissen müssen, daß sie Alleinsein spät abends nicht erträgt. Strenggenommen hat sie ihn in die Falle gelockt, um ihren Zorn um so deutlicher und lautstarker loszuwerden. Sie hält ihm sein Verhalten als lieblose Zumutung vor. Ihre Unehrlichkeit leugnet sie.

Muster 7: Gedanken lesen

Kein Zweifel, das Gedankenlesen eines Partners ruft großen Widerstand, Zorn und Aggression hervor. »Du brauchst gar nicht zu Ende sprechen, ich weiß schon, was du sagen willst. Ich kenne dich seit zehn Jahren.«

Wer Gedanken liest, macht Unterstellungen, die häufig der »privaten Logik« (A. Adler) des Gedankenlesens entsprechen. Der Partner fühlt sich nicht verstanden, verteidigt sich, rückt zurecht und läuft gegen eine Mauer von bösen Unterstellungen. Der Gedankenleser ist im Grunde ein wütender und zorniger Mensch. Seine Wut äußert sich in den Unterstellungen. Der Gedankenleser kann auch ein Rechthaber sein. Er weiß alles, und vor allem, er weiß alles besser.

Muster 8: Den Partner ärgern

Wer einen anderen Menschen ärgert, ist wütend auf ihn. Die Aggression kann berechtigt und unberechtigt sein. Weil der Partner den Ärger nicht versteht, wird er immer aggressiver. Der den Ärger verursacht, will das vielleicht. Er will sich am Partner rächen, er will ihm etwas heimzahlen. Der ärgerliche und wütende Mensch hat ein ganzes Sortiment von Rachepraktiken parat, um den anderen auf die Palme zu bringen. Er hat beispielsweise gesehen, daß das Licht am Auto noch brennt. Morgens ist die Batterie leer. Die Frau freut sich über die leere Batterie und frustriert ihn noch mit der Bemerkung: »Du hättest besser aufpassen sollen!« Es handelt sich hier nicht um harmlose »Spielchen«, sondern um ernste partnerschaftliche Auseinandersetzungen.

Muster 9: Die Schuld abwälzen

Vielleicht ist es das bekannteste Reaktionsmuster, mit Wut, Zorn und Aggression umzugehen. Adam und Eva sind lehrbuchreife Beispiele für diese Strategien. Keiner von beiden will seinen Kopf hinhalten, die Schuld übernehmen. Seit dem Sündenfall ist die Projektion oder die Abwälzung der Schuld auf andere ein beliebtes Abwehrverhalten. In Ehen schieben sich die beiden Partner gegenseitig die Schuld in die Schuhe. Jeder redet sich heraus. Die Vorwürfe verstärken sich. Zorn und Aggression werden gefördert. In der Regel sind beide Parteien beteiligt und schuldig geworden. Die Schuldverschiebung hat von daher eine gewisse Berechtigung. Auf alle Fälle ist die Schuldzuweisung eine ungeistliche Methode, das Aggressionspotential zu erhöhen und den Frieden zwischen den Parteien zu verhindern.

Muster 10: Minuspunkte sammeln

Diese Strategie verhindert, an den Konflikten ernsthaft zu arbeiten. Wer Minuspunkte sammelt, sucht Anklagen gegen den anderen. Er will sich rechtfertigen, aber nicht seinen Schuldanteil ins Auge fassen. Gleichzeitig steckt in den gesamten Minuspunkten ein aggressives Verhalten. Wer Frieden will, sammelt keine Vorwürfe. Wer Versöhnung will, sucht Lösungen. Er will bereinigen und nicht anklagen.

Wer »Rabattmarken sammelt«, wartet auf den geeigneten Zeitpunkt, dem anderen die ganze Wut um die Ohren zu schlagen. Die laut hörbare Explosion soll diesem verdeutlichen, wie sehr er diese Entladung verdient hat. Ein intensiver Rabattmarkensammler bereitet daher gezielt eine aggressive Explosion vor, die ihn zutiefst befriedigt. Schließlich hat er ja ein Recht dazu.

Muster 11: Unter die Gürtellinie schlagen

Wer diese Methode praktiziert, hat enormen Zorn gespeichert und will dem anderen Wunden schlagen. Schläge unter die Gürtellinie sind demütigend, entwertend und heilen oft nie völlig aus. Es sind Verhaltensmuster, die als »letzte Möglichkeit« gewählt werden. Wer das Gefühl hat, daß ihm die Felle wegschwimmen, daß er gegen den anderen nicht ankommt, benutzt diese Waffe. Es sind »Schläge«, die äußerst schmerzhaft sind und von denen der Angreifer weiß, daß sie tiefe Wunden reißen.

Wie können solche Tiefschläge aussehen? Schlimme Fehler und persönliche Peinlichkeiten des Partners werden vor anderen erzählt. Ehrenrührige Erlebnisse aus der Familiengeschichte eines Partners werden öffentlich gemacht. Die Entblößung des Partners ist grenzenlos. Wer aggressiv zurückschlägt, kennt beim anderen genau die Stelle, die entsetzlich schmerzt, wenn sie voll getroffen wird. Schläge unter die Gürtellinie verraten ein hohes Aggressionspotential, das sich in einem Partner gesammelt hat.

Muster 12: Vorenthalten

Jeder Mensch benutzt Methoden, die er in der Ursprungsfamilie oder im Leben trainiert hat. Wer dem Partner etwas Wichtiges vorenthält, will ihn bestrafen. Es handelt sich um einen Racheakt, der dem Verursacher ein hohes Maß an Befriedigung schenkt. Partner können sich alles mögliche vorenthalten: Geld, den monatlichen Verdienst, die sexuelle Befriedigung, Zeit für Gespräche, für Zärtlichkeit und Austausch ...

In der Regel sind diese Frustrationen gezielt gewählt. Wer den anderen bestrafen will, greift auf diese Praktiken zurück, die den Partner am tiefsten verletzen.

Die aufgeführten Praktiken sind in der Motivation verschieden. Einige sind ähnlich, andere unterscheiden sich. Jeder von uns hat Reaktionsmuster in der Ursprungsfamilie abgeschaut, nachgemacht oder völlig neu konzipiert. Auf alle Fälle haben wir *Erfahrungen* mit bestimmten Strategien gemacht, die unserem Lebensstil entsprechen. Wer sie ändern will, muß seine oft unverstandenen Beweggründe beim Namen nennen können, um diese versteckten Ziele ins Gebet nehmen zu können. Das Gebet, von Aggressionen befreit zu werden, kann erfolglos bleiben, weil wir unsere unbewußten Motive nicht aufgeben wollen.

Fragen zur Selbstprüfung:

- Welche der zwölf Verhaltensmuster, um Wut, Zorn und Aggressivität auszudrücken, benutzen Sie am häufigsten?
- Welche Zielrichtung spiegeln diese Praktiken wider? Was wollen Sie damit bezwecken?
- Wollen Sie den Partner bestrafen? Wollen Sie ihm etwas heimzahlen? Wollen Sie ihn zur Einsicht zwingen?
- Haben Sie den Eindruck, daß Ihre Verhaltensstrategie den gewünschten Erfolg bringt?
- Brauchen Sie die innere Befriedigung, wenn Sie den Partner ärgern, quälen, bestrafen oder links liegen lassen?
- Wenn Ihre Verhaltensmuster eher zerstörerisch wirken, sind Sie bereit, die Praktiken zu verändern?
- Wenn Sie keine hilfreiche Lösung aus eigener Kraft für Ihre belastete Partnerschaft finden, sind Sie bereit, einen Fachseelsorger aufzusuchen, der Ihnen hilft, alternative Kommunikationsmuster einzuüben?

Gewaltdarstellungen und ihre Auswirkungen

Die Öffentlichkeit beschäftigt sich zunehmend mit Gewaltdarstellungen auf dem Bildschirm, in Büchern, Zeitschriften und Comic strips. Die sozialwissenschaftliche Forschung bemüht sich, fundierte Aussagen über den Einfluß von Gewaltdarstellungen zu machen, Fakten und Folgerungen über Lernen durch Nachahmung, Lernen am Modell, über Möglichkeiten sozialschädlicher Verwöhnung, über Wege der Brutalisierung, über sexuell betonte Gewaltdarstellung und über angstmachende Entfremdung unter den Menschen zu vergleichen. Wie wirkt es sich aus, wenn Gewalttätigkeiten zur Unterhaltung, Haß und Vorurteile zum Zeitvertreib serviert werden? Wie werden heranwachsende Persönlichkeiten durch Dauerberieselung mit Brutalitäten, aggressivem Verhalten, Roheiten, Faust- und Colt-Argumenten geprägt oder gar verändert?

Gewaltdarstellungen fördern falsche Wertvorstellungen

Wertvorstellungen werden uns nicht von Gott oder der Natur einprogrammiert. Durch Versuch und Irrtum lernt der Mensch, gewissen Verhaltensweisen einen bestimmten Wert beizumessen. Gewalt als Ausdrucksform menschlichen Verhaltens, kann niemals nur als Ausdruck des sogenannten Aggressionstriebes betrachtet werden, sondern in ihr melden sich die sozialen Beziehungen und gesellschaftlichen Wertvorstellungen mit zu Wort. Gewalt ist also nichts Abstraktes und kann nicht losgelöst von den Glaubensinhalten und Normvorstellungen der jeweiligen Gesellschaft betrachtet werden.

Gewaltdarstellungen bilden ab, was im Innern jedes einzelnen Menschen in sehr verschiedener Form unbewußt abläuft: Der Kampf zwischen »guten« und »bösen« Impulsen und

Mordphantasien spielt im Leben von Menschen eine größere Rolle, als man annimmt. In ihnen spiegelt sich die Sozialisation des Kindes wider. Womit hängt das zusammen? Alfred Adler schreibt: »Oft mischt sich in diese logischen Interpretationen der kompensierende Ehrgeiz oder die Aggression des Kindes gegen die Eltern ein. ›Die Eltern, das Schicksal sind schuld‹, weil ich der Jüngste, zu spät gekommen bin, weil ich ein Aschenbrödel bin, weil ich vielleicht nicht das Kind dieser Eltern, dieses Vaters, dieser Mutter bin, weil ich zu klein bin, zu schwach, einen kleinen Kopf habe, zu häßlich bin, weil ich einen Sprachfehler, einen Fehler des Gehörs habe, schiele, kurzsichtig bin, weil ich nicht männlich, weil ich ein Mädchen bin, weil ich von Natur aus böse, dumm, ungeschickt bin, weil ich mich leicht unterwerfe, unselbständig bin, weil ich ein Verbrecher, Dieb, Brandstifter bin, jemanden ermorden könnte (...) so ähnlich lauten die Versuche des Kindes, sich durch den Hinweis auf das Fatum – ganz wie in den griechischen Dramen der Schicksalstragödie – zu entlasten, sein Selbstgefühl zu retten und die Schuld anderen zuzuschieben.«[21]

Aus der kindlichen Unterlegenheit, dem Ohnmachtsgefühl und dem Minderwertigkeitsgefühl entwickeln sich Machtphantasien, Mord- und Überlegenheitsphantasien. Das Kind will überlegen, siegreich, oben, stark und beherrschend sein. So kommt es zu Überwältigungswünschen und zu Entwertungstendenzen.

Je stärker also solche Macht- und Überlegenheitsphantasien im Kind angesprochen werden, je mehr sich ein Kind mit Verbrechern, Helden, Räubern, Gewalttätigen, Schießwütigen, Mördern und Schlägern identifizieren kann, desto mehr wird es sich die entsprechenden Wertvorstellungen und Verhaltensweisen zu eigen machen. Es fühlt sich bestärkt, bestätigt und ermutigt.

Welche falschen Wertvorstellungen können durch massierte Bild- und Textbeeinflussungen hervorgerufen werden?
– Recht bekommt nur, wer zuerst zuschlägt.
Der Held, der einen Wimpernschlag schneller seinen Colt

aus dem Halfter reißt, der sich besser in Karate-Kniffen aus-
kennt, härtere Kinnhaken auszuteilen versteht, technisch
raffiniertere Mordwaffen beherrscht, ist augenscheinlich im
Vorteil. Die verkürzte Darstellung muß oft diesen negativen
Eindruck beim Zuschauer hinterlassen. Diese Version kann
auch sublimer formuliert werden und im militärischen wie
im privaten Bereich Anwendung finden und lautet dann:
»Angriff ist die beste Verteidigung.«
– Der Stärkere hat keine Probleme.
Für Millionen Kinder flimmerte am frühen Samstag »Tar-
zan« über den Bildschirm. Pädagogen und Psychologen sind
sich einig, daß diese Tarzan-Serien für Kinder sehr gefährlich sind. Dieser Supermann ist ein Übermensch, der für die
Untermenschen nur Verachtung und brutale Gewalt übrig
hat. Er kämpft mit Tieren und Menschen und bleibt wie ein
Gott unverletzt. Der Sozialpädagoge Erich Zillien nennt ihn
einen »Halbgott mit faschistischen Zügen«, der wie Hitler
nur Tiere und Kinder liebt, nur treue Gefolgsleute braucht
und sich von seinen Anhängern bejubeln läßt. Solche
Gestalten müssen bei kleinen Kindern falsche Leit- und Vorbilder wecken. Sie identifizieren sich mit dem Stärksten, der
mit Faustschlägen die einfachsten und die schwierigsten
Probleme löst.
– Die Gewalt wird als Ultima ratio verstanden.
Gewaltdarstellungen vermitteln ein falsches Gefühl von
Recht und Gerechtigkeit. Verhandeln, Kompromißbereit-
schaft, der Gang zum Schieds- und Friedensrichter erscheinen als untaugliche Vermittlungsversuche; die Konfliktlö-
sung wird nicht gesucht, der Gewaltlösung wird eine effek-
tivere Chance eingeräumt.
Friedrich Hacker, der in Deutschland durch sein Buch
»Aggression« bekannt wurde, antwortete im »Spiegel« auf
die Frage: »Kann man sagen, daß in einer kapitalistisch
strukturierten Gesellschaft die Massenmedien notwendig
aggressionssteigernd wirken?«: »Das würde ich nicht auf
die kapitalistische Gesellschaft beschränken. Es gibt

primäre Medienbedürfnisse, die Verniedlichung, Verkleinerung, Dramatisierung, Simplifizierung und Gehässigkeit der Medien, die nicht direkt mit der Gesellschaftsstruktur zu tun haben. Zu Unterhaltungszwecken ist die Lösung am Schluß eigentlich immer dramatisiert, polarisiert und gewaltsam. Gewalt ist die geheime Botschaft der Massenmedien, weil sie als Ultima ratio das ganze Geschehen bestimmt.«[22]

– Scheinbar legitime Gewalt produziert ein gutes Gewissen.

Täglich Leichen auf dem Bildschirm, Gewalt und Aggression in den Massenkommunikationsmitteln verändern unter der Hand die ethische Einstellung des Menschen. Die Toleranzschwelle wird gesenkt, die Gleichgültigkeit nimmt zu. Friedrich Hacker beurteilt dieses Phänomen so: »Die Gewöhnung an Gewalt und Gleichgültigkeit gegenüber der Brutalität sind Teil des Alltags, den die Massenmedien vorspiegeln. (...) Die Massenmedien spielen eine Hauptrolle in der Produktion des guten Gewissens, das die Schuld erspart, indem es die angeblich legitimierte Aggression gar nicht mehr als solche eintreten läßt.«[23]

– Verbrechen zahlen sich doch aus.

Das Geschäft mit der Kriminalität muß selbst Kriminalität erzeugen. Leider werden immer wieder erstaunliche Geschäfte mit Verbrechen gemacht. Der Satz »Verbrechen zahlt sich nicht aus« muß sehr in Zweifel gezogen werden, wenn Verbrecher selbst noch im Gefängnis die Geschichte ihrer Schandtat an eine Filmgesellschaft oder Illustrierte verkaufen können, die diese dann von Ghostwritern publikumswirksam aufbereiten läßt.

– Der Verbrecher ist ein armer, gejagter Mann.

Die Legende vom edlen Räuberhauptmann ist eine Fabel und ein uraltes Erfolgsrezept vieler Schriftsteller. Es muß sich verheerend auswirken, wenn Gangster in überdimensionaler Weise veredelt und als Helden vorgestellt werden. Eine Serie, die das beispielsweise fertigbrachte, war die über die englischen Posträuber. Die Spannungsmomente wurden geschürt, den Gentlemen, die zur Kasse baten, durfte lange nichts geschehen. Autor und Regisseur waren bemüht, die menschlichen Züge ins rechte Licht zu rücken. Eduard Zimmermann, bekannt durch seine Fernsehserie »Aktenzeichen XY ungelöst«, kommentiert in einer Tageszeitung: »Auf diese Weise hat sich die produzierende Rundfunkanstalt, die für den Streifen 2,1 Millionen DM ausgegeben hat, den Spaß erlaubt, das Volk eine Woche lang das Beten für die Gangster zu lehren.« Der Täter wird zum Helden hochstilisiert, dem nachzueifern sich lohnt.

– Ein Feindsymbol rechtfertigt Gewalt und Brutalität.

Noch einmal soll Friedrich Hacker zu Wort kommen, der im »Spiegel« meinte: »Inzwischen gibt es genug Untersuchungen, die beweisen, daß sich die Deutschen ebenso unschuldig fühlen wie die amerikanischen Soldaten in Vietnam: Sie halten ihre Gegner einfach für Läuse oder Halbaffen oder Untermenschen – ganz so wie die Deutschen das von den Juden geglaubt haben. So kann das ganze Brutalitätsunternehmen unter dem Namen Ungeziefervertilgung laufen. Es hat deshalb auch keinen Zweck, angeblich verschüttete Schuldgefühle hervorzuholen: Sie bestehen gar nicht.«[24]

Wann können Aggressionshandlungen in Massenmedien positiv oder negativ bewertet werden?

Folgende Kriterien können *positiv* geltend gemacht werden:

(1) Wenn der Kampf fair und nach gemeinsamen Spielregeln aus akzeptablen Motiven und nach sittlichen Grundsätzen geführt wird.

(2) Wenn die Grausamkeit und die Brutalität nicht nur als Verbrechen deklariert, sondern auch durch die Gestaltung als etwas Verwerfliches erlebt wird.

(3) Wenn durch groteske Übertreibung eine Verfremdung eintritt, durch die der Wirklichkeitsbezug verlorengeht und der Spiel- bzw. Märchencharakter verdeutlicht wird.

(4) Wenn der Kampf um ein wertvolles Ziel geführt wird und die verwendeten Mittel vertretbar sind.

Folgende Kriterien können *negativ* geltend gemacht werden:

(1) Wenn der Held sich unbesehen und vorbehaltlos für Gewalt entscheidet.

(2) Wenn die verbrecherische Aggression erfolgreich dargestellt und als richtig erlebt wird, so daß eine Verwirrung über ethische Normen und eine Verbildung des Gewissens über Recht und Unrecht, über Gut und Böse eintritt.

(3) Wenn das Verbrechen oder die Gewalt als Heldentat hingestellt wird.

(4) Wenn das Töten und Morden als Lusterlebnis gezeigt, der Sadismus dadurch gefördert und das Entsetzen über jede Tötung unterschlagen wird.

(5) Wenn Gewalt und Aggression aus dem Zusammenhang gelöst und um ihrer selbst willen gezeigt werden.

(6) Wenn die Gewalt in einer durch die Handlung unbegründeten Häufung vorkommt.

(7) Wenn sich die Aggression gegen Wehrlose, gegen Frauen, Kinder oder bereits außer Gefecht Gesetzte wendet.

(8) Wenn das Böse in einem Menschen in totaler Schwarzweißmalerei gleichsam personifiziert und der Haß gegen diesen Menschen unreflektiert aufgepeitscht wird.

(9) Wenn durch negative Typisierung von Körperbehinderten oder häßlichen Menschen faschistische Tendenzen auftreten und rassistische Vorurteile gegen andere Menschengruppen, zum Beispiel Chinesen, Schwarze, Indianer, geprägt oder verstärkt werden.

(10) Wenn das »Fremde« und Andersartige generell als böse abgestempelt wird.

Gewalt und Aggressivität in Comic strips und Science-fiction

Sowohl im Fernsehen als auch in den Comic strips dienen Bilder dazu, spannende Geschichten zu erzählen. Eine Literaturgattung gewinnt zunehmend an Bedeutung – die Science-fic-tion-Hefte. Was bezwecken diese Veröffentlichungen, welche Bedürfnisse werden bei welchen Menschen befriedigt?

Comic strips und Science-fiction-Literatur werden von ganz verschiedenen Leserkreisen konsumiert. Während Comic strips von Kindern und Jugendlichen verschlungen werden, die höchst anspruchslose Kost bevorzugen, haben Science-fiction-leser ein relativ hohes Bildungsniveau. In der Regel wird die letztgenannte Literaturgattung vorwiegend von älteren Jugendlichen ab 15 Jahren gelesen.

Comic strips wollen Abenteuer und Spannung ins alltägliche Leben bringen und das Lebensgefühl steigern. Vor allem Kinder und Jugendliche wollen in den Geschichten etwas erleben, was ihnen das eigene Leben und der geregelte Alltag versagen.

In Comic strips wird vor allem die männliche Vitalität unablässig zur Bewährung herausgefordert. In verzerrten und verkürzten Handlungsabläufen wird das Geschehen zur Karikatur. Die Konkretion wird auf Worte im Telegrammstil pervertiert. Schreie, Stöhnen und Lispeln sind die Haupterklärungen, die in Sprechblasen erscheinen.

Gewaltdarstellungen fördern die Gleichgültigkeit gegenüber dem Geschlagenen und Getroffenen. Einseitige Häufung von Gewalt und Brutalität muß nicht nur zu krimineller Haltung führen, sie kann auch auf weite Sicht die Bewußtseinshaltung der Gesellschaft insgesamt verändern.

Eine amerikanische Untersuchung über die Wirkung von Comics auf Kinder hat die Behauptung aufgestellt, daß durch die stets gleichbleibende Ablaufstruktur, die fortlaufend Verfolgung und Zerstörung darstellt, Gleichgültigkeit entsteht gegenüber dem Schicksal des Geschlagenen und Getroffenen. Die Gewalt wird als selbstverständlicher Unterhaltungseffekt angenommen. Ein pausenloser Gewaltkonsum stumpft ab. Die gleiche Wirkung haben die Berichte über Verletzte und Tote im Straßenverkehr. Der Mensch gewöhnt sich an Tote auf Autobahnen und im täglichen Verkehr. Er registriert Tote, Verletzte und Krüppel statistisch, ohne im Herzen getroffen zu sein. Die Hornhaut der Seele verstärkt sich.

Eine primitive Moral verherrlicht ein primitives Freund-Feind-Schema. Die Welt ist in zwei Hälften geschieden. Auf der einen Seite der Held, der Supermann, auf der anderen Seite das Ungeziefer, die Bösen. Der Supermann erfüllt eine geradezu erhabene Mission, er erledigt das Ungeziefer. Hände dienen in erster Linie zum Schlagen, zum »Fertigmachen«, zum Erlegen und Erledigen.

Zunehmend kommen auch Klassenkampf-Comics auf den Markt, die brutal und einseitig den guten Sozialismus dem teuflischen Kapitalismus gegenüberstellen. Worte wie: zerschlagen, zerschmettern, zerreißen, kapitalistische Verbrecher, kapitalistische Schweine, kapitalistische Blutsauger sind gängiges Vokabular.

Auch in der Sciene-fiction-Literatur tritt der Supermann auf. Er repräsentiert die Wünsche und Träume der Menschen, er weist in eine utopische Richtung, verharmlost die menschlichen und technischen Schwierigkeiten und löst die kompliziertesten Aufgaben. Er triumphiert über die menschliche Unzulänglichkeit und ist das erträumte Gegenstück von Angst, Furcht, Ungeborgenheit und Unsicherheit. In einem Heft heißt es von ihm: »Sein Blut und die Substratlösung seiner Zellen bestand zu $9/10$ aus flüssigem Ammoniak. Er konnte, wenn nötig, wochenlang im Raketenstaub leben.«

Ein Teil der Science-fiction-Literatur bevorzugt den Horror, der von den Verfassern ins Weltall und in die Zukunft verlegt wird. Der Glaube des Lesers wird auf eine harte Probe gestellt. Die schrecklichen Szenen und gräßlichen Geschehnisse können grenzenlos gesteigert und – ohne an Glaubwürdigkeit zu verlieren – extrem dramatisiert werden. Der Fantasie sind hier keine Grenzen gesetzt. Darin liegt zweifellos ein Reiz für den Leser, der sich weit von der Realität und den Aufgaben der Gegenwart entfernt.

Gewalt und die »Medienkids«

Kinder und Jugendliche werden heute mit Fernsehen, Video, Radiomusik, Comic-Heften und Computerspielen groß. Unsere Jugend ist eine Multimedia-Generation.

Wie sieht die Welt aus der Sicht des Kindes aus?

- Bilder mit Autowracks auf Straßen und Autobahnen,
- Flugzeugtrümmer und Leichenteile,
- im Ölschlamm verendende Seehunde und Seevögel,
- gewalttätige Männer, verzweifelte Frauen,
- schießende, schlagende und brutale Männer,
- abgemagerte Kinder und Erwachsene in der dritten Welt.
- Ab dem dritten Lebensjahr sitzen die meisten Kinder schon vor dem Fernseher.
- Ein 12jähriges Kind hat – nach der Fernsehzeitschrift »Hörzu« – bereits 14 000 Bildschirmmorde erlebt.
- Videospiele, die Krieg, Terror und Blutvergießen zum Thema haben, sind bei Kindern unschlagbar, sagen die Medienexperten.
- Bei Schuleintritt haben sie – so die Bundeszentrale für gesundheitliche Aufklärung – schon 800 Stunden »Fernsehkost« hinter sich.
- Schulkinder zwischen 10 und 13 Jahren sitzen ca. 97 Minuten täglich vor der »Glotze«.

Das sind Eindrücke, die das Kind jeden Tag verarbeiten muß. Kinder wachsen in eine lieblose Welt hinein, gehen einer unmenschlichen Zukunft entgegen.

»The kids go crazy«, stellt das US-Magazin »Time« fest – die Kinder flippen aus. Die meisten Eltern stehen dieser Situation hilflos gegenüber. Die Zeitschrift »Focus« schreibt: »Gelockt wird die junge Klientel derzeit mit dem Killer-Spiel ›Streetfighter II‹. Besonders brutale Superkämpfer machen sich da gegenseitig den Garaus. Frei nach der Philosophie: Wer härter draufhaut, bleibt Sieger. Die Spielregeln der Ellenbogengesellschaft, adaptiert fürs Kinderzimmer. (...) Das Faustrecht kommt an: Als das neue Brutalospiel ›Mortal kombat‹ im

Oktober in den USA in den Handel kam, standen die Kids stundenlang Schlange vor den Verkaufsstellen.«[25]

Werden Kinder durch Fernsehen aggressiver?

Kinder und Jugendliche, die im Fernsehen ständig mit Gewalt, Aggression und Brutalität konfrontiert werden, müssen aggressiver werden.

Die schwedische Sozialwissenschaftlerin Inga Sonesson hat in einer Langzeitstudie 200 Kinder vom sechsten bis zum sechzehnten Lebensjahr begleitet und den Einfluß der Medien auf das Verhalten untersucht. Kinder, die schon früh viele Gewaltszenen in Fernseh- oder Videofilmen erlebten, waren später deutlich aggressiver als Gleichaltrige, die weit weniger Bildschirmgewalt kennengelernt hatten. Mit zunehmendem Alter verstärkte sich die Aggressivität. Wörtlich schreibt sie:

»Wenn mehr als 10 % aller Kinder emotionale Störungen durch Fernseh- und Videogewalt riskieren, dann ist das etwas, um das sich die Gesellschaft kümmern muß.«[26]

Welche Folgerungen müssen Eltern und Erzieher beherzigen?
– Während sich die Zeit der Geschlechtsreife verfrüht hat, beobachtet man in der geistigen, sprachlichen, emotionalen und sozialen Entwicklung der Kinder Reifungsverzögerungen.
– Die Behauptung, Fernsehen erweitere den Wortschatz, läßt sich nicht mehr aufrechterhalten.
– Der fast schon süchtige Medienkonsum macht Fernseh- und Video-Kinder immer lern-, konzentrations- und bewegungsunfähiger.
– Vielen Kindern fehlt es an selbsterlebten Sinneseindrücken. Sie erleben die Welt nicht als Handelnde, sondern als Zuschauer.
– Die Kinder sind unfähig, allein oder mit anderen Kindern frei zu spielen. Die sozialen Beziehungen nehmen ab.

- Den Kindern fehlt es an Ausdauer. Sie können nicht mehr zuhören und schalten innerlich ab.
- Die Kinder erwarten sofortige Bedürfnisbefriedigung und schnelle Problemlösungen.
- Nach einer Schätzung des Jugendforschers Klaus Hurrelmann sind rund 15 % eines Altersjahrganges gewalttätig.
- Ulrich u. Wolfram Eicke: »An einem Zusammenhang zwischen Gewalttaten von Kindern und Jugendlichen und exzessivem Fernseh- und Videokonsum besteht kein ernsthafter Zweifel mehr.«
- Medien wirken wie Verstärker bei Menschen mit verhängnisvollen persönlichen Hintergründen.
- Ulrich und Wolfram Eicke: »Da man mit einem Videorecorder Filme unabhängig vom Sendetermin sehen kann, ist das Jugendschutzgesetz endgültig zur Farce geworden.«
- Filme, in denen Gewalt und Brutalität gezeigt werden, sind darum heute so gefährlich geworden, weil die Perfektion von Maskenbildnern und Trickspezialisten beispiellos ist. Sie zerstückeln Menschen, lassen Köpfe platzen, schneiden Kehlen durch und lassen Blut aus allen Körperöffnungen fließen.
- Die Gewaltindustrie hat sich einen Milliardenmarkt geschaffen, um besonders Kinder und Jugendliche für brutalste Videos und Greueltaten zu gewinnen.
- Die Wertordnung und die Maßstäbe für moralisches Handeln, Menschenwürde und Beistand für Schwache und Hilflose werden gezielt unterwandert.
- Kinder und Jugendliche werden mit Gewaltvorstellungen überschüttet, die ihnen signalisieren, daß nur Gewalttätigkeit und Selbstjustiz in der Lage sind, die Probleme der Welt zu lösen.
- Nach Ulrich und Wolfram Eicke verbieten nur ein Drittel der Eltern den Kindern Gewalt- und Horrorfilme. Knapp 30 % erlauben es ihnen, und weiteren 34 % ist es gleichgültig.
- Der Versuch, Mediengewalt mit rechtsstaatlichen Mitteln zu bekämpfen ist am Bundesgerichtshof gescheitert (20. 10.

1992). Das Verfassungsgericht entschied, daß Gewalt gegen Zombies nicht gegen die Menschenwürde verstoße, weil Zombies keine Menschen seien.

Jesus und Gewalt

Es ist keine Frage, Jesus hat negative Macht und Gewalt kategorisch abgelehnt. Er wollte nicht herrschen, sondern dienen. Er wollte nicht Gewalt anwenden, sondern Liebe üben. Am Ende des Matthäusevangeliums heißt es:

»Mir ist gegeben alle Gewalt im Himmel und auf Erden. Darum gehet hin und machet zu Jüngern alle Völker; taufet sie auf den Namen des Vaters und des Sohnes und des heiligen Geistes und lehret sie halten alles, was ich euch befohlen habe. Und siehe, ich bin bei euch alle Tage bis an der Welt Ende« (Matth. 28,18 – 20).

Der Missionsbefehl ist kein Aufruf, mit Macht und Gewalt die »Gute Nachricht« unter den Völkern durchzusetzen. Immer wieder hat es in der Geschichte Mißverständnisse gegeben. Menschen haben mit Schwert und Aggression die Botschaft der Liebe Gottes verbreitet. »Willst du nicht mein Bruder sein, so schlag ich dir den Schädel ein!« Diese Gesinnung hat die Botschaft der Liebe pervertiert.

Jesus selbst hat mit seinem Leben bis zum Kreuz jeder Gewaltanwendung sein Nein entgegengesetzt.

»Mir ist gegeben alle Gewalt im Himmel und auf Erden.« Was heißt das?

– Mir ist alle Verfügungsgewalt im Himmel, in der Welt Gottes, gegeben.
– Die »Gute Nachricht« übersetzt: »Gott hat mir unbeschränkte Vollmacht im Himmel und auf der Erde gegeben.«
– Jesus hat die Autorität im Himmel und auf Erden.
– Jesus hat die Macht und die Vollmacht über die Dämonen.
– Jesus hat die Macht und die Vollmacht, Sünden zu vergeben.

Jesu Liebe ist gewaltig – aber nicht gewalttätig

Jesus will Menschen gewinnen, aber nicht fertigmachen. Er will sie überwinden, aber nicht überwältigen.

Darum schreibt Pfarrer Hans-Georg Filker:

»Ich weiß: Bosheit, Brutalität, Gewalttätigkeit kann sich nicht auf Jesus berufen, sondern entzieht sich bewußt (oder unbewußt) der Verfügungsgewalt Jesu. Wer so handelt – auch in der christlichen Gemeinde –, riskiert und vollzieht einen Bruch mit Gott.«[27]

Aggression
bei Männern und Frauen

Thesenartig sollen hier wichtige Aussagen der englischen Psychologin und Kriminologin Anne Campbell über unterschiedliche Aggressionspraktiken und Gewaltanwendungen bei Männern und Frauen zusammengefaßt werden.

These 1:
»Beide Geschlechter sehen eine enge Verbindung zwischen Aggression und Kontrolle, doch für die Frauen ist Aggression das Versagen der Selbstkontrolle, während sie für Männer bedeutet, anderen die eigene Kontrolle aufzuzwingen. Die Aggression der Frau entsteht aus ihrer Unfähigkeit, die zerstörende und erschreckende Kraft ihrer eigenen Wut zu beherrschen. Die Aggression des Mannes ist für ihn ein legitimes Mittel, Kontrolle über die zerstörenden und erschreckenden Kräfte in der Welt um ihn herum zu gewinnen.«[28]

These 2:
Nur 10 % aller Gewaltverbrechen, die in der Welt begangen werden, gehen auf das Konto von Frauen. Die Frau ist den gleichen Frustrationen ausgesetzt wie der Mann, aber sie reagiert anders. Frauen vermeiden häufig den Kampf.

These 3:
Tränen sind für Frauen ein enger Gefährte der Wut. Frauen weinen nicht aus Reue, sondern aus Frustration. Beherrscht sie die Wut, müssen sie sich mit Ohnmachtsgefühlen herumschlagen.

These 4:

Anne Campell: »Für Frauen kommt die Bedrohung von innen, für Männer von außen. (...) Bei Frauen ist die zwischenmenschliche Botschaft ein Hilfeschrei, geboren aus Verzweiflung, bei Männern ist sie eine Verkündigung der Überlegenheit. (...)«[29]

These 5:

»Bei Ehepaaren, die sich am meisten streiten, ist auch die Wahrscheinlichkeit am größten, daß sie gewalttätig werden. Männer, die ihre Frauen schubsen oder stoßen, werden sie am ehesten auch schlagen und boxen. (...) Gewalt scheint Gewalt zu erzeugen und nicht zu verringern.«[30]

These 6:

»Aggression fühlt sich für Männer gut an, für Frauen jedoch nicht.«[31] Der Blutdruck bei Männern fällt, wenn sie ihre typischen Aggressionen losgeworden sind. Frauen reagieren mit Scham. Sie fühlen sich nicht befreit.

These 7:

»Für manche Männer ist aggressives Verhalten eine Aufplusterung ihres unsicheren Selbstwertgefühls, da es eine öffentliche Demonstration ihrer Männlichkeit ist, an der sie tiefe Zweifel haben.«[32]

These 8:

Aggression ist für Männer die Macht, Zwang auszuüben, um Willfährigkeit zu erzwingen. Mit Aggressionen wollen sie Forderungen erfüllt bekommen, sei es nach Geld, sexueller Befriedigung oder politischer Veränderung.

These 9:

Am häufigsten nehmen diejenigen zur Aggression und Gewalt Zuflucht, die aufgrund von Armut oder Rasse das Gefühl haben, nicht auf legale Weise auf das Aufzwingen von Kontrolle zurückgreifen zu können.

These 10:
Frauen deuten feindselige Handlungen eher als streßreich, unerfreulich und überwältigend. Männer neigen zu der Ansicht, sie seien herausgefordert, gedemütigt oder erniedrigt worden.

These 11:
Für die meisten Frauen ist Aggression eindeutig ein antisoziales Verhalten. Die Forschung zeigt, daß Mütter Aggressionen bei Jungen und Mädchen in gleicher Weise mißbilligen.

These 12:
Jungen und Mädchen erleben in gleicher Weise Wut und Aggression. Als Babys schreien Jungen und Mädchen gleich viel. Aber im Umgang mit Aggressionen lernen Mädchen anders als Jungen. Jungen lernen, Aggressionen einzusetzen, Mädchen lernen nicht die richtige Art, mit Aggressionen umzugehen.

These 13:
Forscher haben ermittelt, daß Väter fünfmal häufiger als Mütter intervenieren, wenn Jungen mit sogenanntem »Mädchenspielzeug« spielen, und selbst ihren Töchtern Jungenspielzeug anbieten. Bis heute ist es unerforscht, warum Mütter Jungen und Mädchen relativ gleich erziehen.

These 14:
Forscher ermittelten, daß Aggressionen bei Jungen und Mädchen nicht vom Alter der Kinder abhängen, sondern davon, ob die Kinder begriffen haben, daß sie ein Junge oder ein Mädchen sind. Entdeckt das Mädchen seine Identität, beginnt es mit der Unterdrückung der Aggression.

These 15:
Die Beziehungskontrolle von Müttern wird bei Töchtern stärker angewendet als bei Jungen. In Familien, wo der Vater

dominiert, ordnet die Mutter nur eine schwache Beziehungskontrolle bei Jungen an. In gleichberechtigten Familien übt die
Mutter in gleicher Weise die Beziehungskontrolle über Jungen
und Mädchen aus. Jungen sind wesentlich weniger aggressiv.

These 16:
Für die meisten Männer (Väter) ist ein verweichlichter Sohn
schrecklicher zu ertragen als eine Tochter, die ein richtiger
Wildfang ist. Der Vater legt größeren Wert auf die Vermeidung
weiblicher Verhaltensweisen als auf die Ermutigung von
Männlichkeit. Aggression wird von Jungen mit Männlichkeit
assoziiert.

These 17:
Der Junge lernt, Aggression und Männlichkeit im Zusammenhang zu sehen. Sobald er Aggression mit Männlichkeit identifiziert, sieht er Fernsehfilme in dem Bewußtsein, daß in der
Regel Männer mit Aggression und Gewalt umgehen.
    »Wir sehen an einem Fernsehabend mehr Aggressionen,
als die meisten von uns in ihrem ganzen Leben erleben oder
beobachten.«[33]

These 18:
Filme, Literatur, Märchen und die Weltgeschichte spiegeln
überall Kriege, Kämpfe, Sieger, Getötete und Besiegte wider.
Die Aggression ist in den meisten Fällen männlich.

These 19:
Der stärkste Auslöser von Wut bei Frauen ist die Frustration
über Männer, die ihren Versuchen, Konflikte zu lösen, auswei-
chen, sie verleugnen oder schlicht ignorieren. Frauen wollen
Probleme lösen.

These 20:
Männer fühlen sich durch Tränen nicht so bedroht wie durch
Wut, denn für sie bedeutet Weinen Reue und Zerknirschung
und nicht, wie die Frauen wissen, Frustration und Wut.

These 21:
Frauen wollen über Konflikte reden, sie wollen klären; Männer
benutzen die Sprache, um Fakten mitzuteilen, Überlegenheit
und Dominanz auszuspielen. »Jungen benutzen die Sprache,
um zu konkurrieren, zu übertreffen und die Geschichten der
Altersgenossen zu überbieten.«[34] Sprache ist für Männer ein
Mittel, um Ziele zu erreichen.

These 22:
Die meisten Frauen halten ihre Wut unter Verschluß, weil sie
die schreckliche Tiefe ihres Zorn fürchten, der sie antreiben
könnte, Beziehungen zu zerstören. Frauen können sich in der
Regel nicht zu ihren aggressiven Impulsen bekennen.

These 23:
»Weinen ist total weiblich und erzeugt keine Opfer, und so ist
es der Weg des geringsten Widerstandes, um Spannung abzu-
führen. (...) In intimen Beziehungen ist Weinen aus verschiedenen Gründen ein Problem. (...) Weil Weinen von Männern
als kindisch oder schlimmer, als manipulativ betrachtet wird,
ist dieser wichtige Kanal der Spannungsentladung den Frauen
versperrt. (...) Doch die Aggression bei Frauen ist, anders als
bei Männern, nicht direkt auf das Erringen eines physischen
Sieges gerichtet. (...) Frauen explodieren, weil es ein Ventil ist.
(...) Für sie dreht es sich bei physischer Gewalt um Verlieren,
nicht um Gewinnen.«[35]

These 24:
Wenn Frauen Aggressionsepisoden beschreiben, enthalten ihre
Berichte nichts von Heldentum, Tapferkeit oder Stolz – in auf-
fallendem Gegensatz zu den Männern –, sondern eher ein

Gefühl, gegen die ihnen zukommende Rolle verstoßen zu haben.

These 25:
Die Männer sprechen vom Gewinnen oder Verlieren, während für die Frauen der bloße Akt der Aggression eine Art Niederlage signalisiert. Für Männer ist Aggression das, was sie sozial erreicht. Sie zwingt andere Menschen Kontrolle auf und erzeugt damit Gewinner und Verlierer. Sie bestätigt öffentlich die männliche Hierarchie.

Deutlich wird:

- Der Unterschied bei Frauen und Männern in bezug auf Aggression ist offensichtlich. Auch diese Untersuchung läßt keinen Zweifel daran, daß nicht der Aggressionstrieb bei Männern stärker ist, die aggressive Struktur auch nicht durch unterschiedliche Hormonzufuhr zustande kommt, sondern durch eine subtile unterschiedliche Erziehung.
- Männer beurteilen im allgemeinen Aggression positiver als Frauen. Die weibliche Sicht der Aggression verursacht den Frauen größtenteils deshalb Probleme, weil sie sich nicht mit der des dominanten männlichen Denkens verträgt.
- Männer müssen lernen, in der Ehe zuzuhören, Probleme und Frustrationen der Frauen ernst zu nehmen, damit sich nicht Aggressionen stauen und Körper und Beziehungen krank machen.
- Die hier kommentierten Untersuchungen haben in erster Linie einen statistischen Wert. Sie zeigen, wie es im allgemeinen aussieht. Im konkreten Fall gibt es erfahrungsgemäß große Unterschiede. Frauen können die aktiv aggressive Rolle spielen, Männer weichen zurück, nehmen den Zorn nach innen und schweigen.
- »Wenn Männer und Frauen einander wirklich zuhören können, wird die Wut von Frauen nicht mehr umbenannt oder ignoriert werden. Und Frauen sollten keine Belastungs-

grenze mehr erreichen müssen, damit ihr Anliegen endlich verstanden wird.«[36]
– Für Beratung und Seelsorge sind diese Forschungsergebnisse nützlich. Sie bestätigen die Praxis der Eheberatung. Frauen reagieren häufig versteckt aggressiver. In der Mehrzahl der Fälle geht von ihnen die Scheidung aus. Soll das der Weg bleiben, Konflikte, unbeantwortete Frustrationen und Zorn zu lösen?

Aggression und Gewalt in der Partnerschaft

These 1:
So unterschiedlich Männer und Frauen mit Aggressionen umgehen, in Partnerschaft und Ehe sind beide Geschlechter gleich in der Anwendung von Gewalt gegen den Partner. Sehr viele Frauen greifen ihre Männer nicht nur verbal an.

These 2:
Forscher haben festgestellt, daß ein Junge, der die Gewalttätigkeit seines Vaters mit ansieht, mit dreimal höherer Wahrscheinlichkeit seine Frau schlagen wird, wenn er später heiratet. Der Junge lernt, daß Aggressionen sich auszahlen.

These 3:
Alkohol und Aggression stehen in einem engen Zusammenhang. Schwere Trinker haben in 48 % der Fälle vor ihren Aggressionen getrunken. Die Forschung bestreitet aber, daß Alkohol aggressiv macht. Alkohol steigert die Macht des Mannes, die er nicht zu haben glaubt.

These 4:
Männer mit geringem Selbstwertgefühl und mangelnden verbalen Fähigkeiten neigen zu Mißhandlungen. Arbeitslosigkeit, also ein fühlbarer Wertverlust, kann die Aggressivität steigern.

These 5:
Eifersucht und Besitzgier, den Partner ganz für sich zu beanspruchen, kann die aggressive Bereitschaft erheblich erhöhen. »Jeder Mann, der das Gefühl hat, die Kontrolle über sein Berufs- oder Sozialleben zu verlieren, hat das Potential zur Gewalt.«[37]

These 6:
Verheiratete Frauen zeigen höhere Raten an Neurosen und streßbezogenen Beschwerden als verheiratete Männer. Woran liegt das? An Druck und Isolation. Frauen nehmen mehr Rücksicht auf Kinder und ihr Wohlbefinden. Männer sind im allgemeinen mehr verantwortungslos, was die Familie angeht.

These 7:
Mehr als 70 % der Frauen sind mit ihrem Leben unzufrieden. Sie beklagen die Monotonie und die mangelnde Aufmerksamkeit. Selbst die Verwaltung der Finanzen obliegt in vielen Familien der Frau. Der Streit um Geld ist aber eines der häufigsten Ehestreitthemen.

These 8:
Die Zufriedenheit bei beiden Partnern nimmt nach dem ersten Kind im Durchschnitt ab. Eine größere Zufriedenheit wird erst wieder erreicht, wenn das letzte Kind aus dem Haus geht. Besonders die Mutter wird in den ersten Jahren der Kleinkinder auf eine harte Geduldsprobe gestellt.

These 9:
Frauen werden zur Fürsorge erzogen. Die meisten beziehen ihr Wertgefühl daraus, für die Zufriedenheit ihrer Umgebung zu sorgen. Versagen sie, fühlen sie sich schuldig.

These 10:
Männerfreundschaften drehen sich darum, gemeinsam etwas zu tun, Frauenfreundschaften kreisen viel stärker um Emotion und Erfahrung. Sie pflegen den Austausch.

These 11:
Die meisten Männer können oder wollen Gefühle von Belastung, Unsicherheiten oder Depression nicht offen teilen. Sie hören, aber sie hören nicht zu, und sie tendieren dazu, übereilte Lösungen anzubieten. Männer reagieren mit Ratschlägen, die von Frauen oft als Anweisungen verstanden werden.

These 12:
Zwischen häuslichem Streß und Aggression besteht ein großer Zusammenhang. Eine nationale Untersuchung[38] bestätigt, daß Aggressionen erheblich zunehmen, wenn traumatische Ereignisse (Entlassung in der Firma, Krankheit, Schulverweis für ein Kind) die Ehebeziehungen belasten. Frauen speichern Aggressionen viel länger als Männer. Ist die Schmerzgrenze erreicht, explodieren sie.

These 13:
Im allgemeinen sind Frauen am Arbeitsplatz beherrschter als Männer, aber zu Hause lassen sie ihre Aggressionen heraus. Arbeiterfamilien tendieren dazu, ein weit höheres Maß an Gewalt und Aggression zuzulassen. Die Gewalt wird physisch und verbal ausgeteilt.

These 14:
Besonders Frauen neigen dazu, sich in der Ehe gehenzulassen. Gewicht, Kleidung und Gewohnheiten werden vernachlässigt. Ein Prozeß der Enthemmung findet statt. Frauen neigen mehr dazu, Gereiztheit, häßliche Gefühle, Neid und Depressionen zu zeigen. Wenn es um Streit geht, fühlt sich die Frau freier, eine Sprache zu benutzen, die den Mann früher schockiert hätte.

These 15:

Ein Mann deutet Aggressionen anders als die Frau. Er hat das Gefühl, sie greift nach seiner Macht, wenn sie aggressiv wird. Sie deutet seine Aggression als seine Unzufriedenheit mit ihr und der Ehe. Sie schlägt um sich, um ihr Unglück und ihre Verzweiflung zu zeigen. Er interpretiert ihre Wut als Angriff auf seine Kontrolle. Wenn Frauen unter Streß stehen, möchten sie darüber reden. Er zieht sich hinter die Zeitung zurück.

These 16:

Bei Episoden beiderseitiger Gewalt geben Frauen zu, in 42 % der Fälle[39] den ersten Schlag getan zu haben. Sie sind mit ihrer Weisheit am Ende. Sie schlägt, um ihn zur Besinnung zu bringen. Nörgeln wird vom Mann als Fortsetzung der Diskussion empfunden, obschon er längst seine Entscheidung gefällt hatte.

These 17

Von ihren Männern getrennt lebende Frauen berichten über stärkere Gewaltanwendung gegen sie als verheiratete Frauen, die noch mit ihren Partner zusammenleben. Viele Männer demütigen ihre Frauen noch, wenn sie schon lange ausgezogen sind.

These 18:

Männer müssen lernen, daß eine Frau, die über ihr Unglück spricht oder Gereiztheit äußert, sie nicht herausfordern will, sondern um ihr Mitgefühl bittet. Es fällt einer Frau leichter, ihre Furcht einzugestehen als Wut, selbst wenn sie gute Gründe hat. Die schlichte Ankündigung: »Ich muß über ein paar Dinge mit dir reden. Kannst du mir helfen, indem du zuhörst? Ich habe das Gefühl, ›ich werde sonst platzen‹«, kann Machtkämpfe und Aggressionen abwenden.

Versteckte Aggressionen

Die Aggressionen sind in ihrer feindseligen Motivation oft nicht bewußt. Sie sind nur an der schädigenden Wirkung beim Opfer zu erkennen. Auch das Opfer erkennt nicht die wahren Motive der Aggression. Folgende Motive kennzeichnen die maskierte und versteckte Aggression:

Möglichkeit 1: Wenn Menschen sich verschwören
– Der Vater, der seinen erwachsenen Sohn ermutigt, im Elternhaus zu bleiben, und ihm gleichzeitig Geld für Alkohol anbietet, ist ein »heimlicher Aggressor«.
  Er verbindet sich mit dem Widerstreben des Sohnes, sich selbständig zu machen und selbst für sich zu sorgen.
– Die Mutter, die ihr Portemonnaie offen in Sichtweite ihrer rauschgiftsüchtigen Tochter liegenläßt, verbündet sich mit ihrer unüberwindlichen Schwäche.
– Ein Vater hat sich an seiner Tochter sexuell vergangen. Er wird von der eigenen Frau angezeigt. Er sitzt fünf Jahre im Gefängnis. In der Zwischenzeit schließen sich Frau und Tochter zusammen und besuchen FKK-Veranstaltungen. Als der Vater zurückkommt, wird er von der Frau animiert, sich auch der FKK-Bewegung anzuschließen.

Möglichkeit 2: Wenn Menschen Krankheiten benutzen
– Krankheiten können in Dienst gestellt werden. Krankheiten werden benutzt. Mit Krankheiten kann man Macht ausüben und Einfluß nehmen.
– Die Opfer bringen es oft auf den Punkt:
  »Wenn du so einen Terror machst, willst du, daß ich einen Herzinfarkt bekomme?«
  »Willst du mich auf dem Friedhof besuchen?«
  »Wenn du so weitermachst, werde ich verrückt!«
– Eine Frau bekommt Platzangst. Sie kann das Haus nicht mehr allein verlassen. Ihre Tochter hat geheiratet, der Sohn

ist zum Bund eingezogen worden. Der Mann arbeitet zehn Stunden und braucht zwei Stunden für Hin- und Rückfahrt. Mit der Platzangst bindet die Frau ihren Mann ans Haus und an sich. Die »versteckte Aggression« ist offensichtlich.

Möglichkeit 3: Wenn Menschen vergeßlich reagieren
– Vergeßlichkeit kann ein Ausdruck versteckter Aggression sein.
  »Ich habe die Kartenbestellung völlig vergessen, jetzt kannst du das Konzert nicht besuchen.«
– »Ich habe die Medikamente vergessen, die ich unbedingt aus der Apotheke mitbringen sollte.«
  In der Vergeßlichkeit können angestauter Ärger und heruntergeschluckte Wut zum Ausdruck kommen.
– Eine Frau sagt in der Beratung: »Ach, sieh an, ich habe die Autoschlüssel meines Mannes in der Tasche. Jetzt muß er zu Fuß zur Arbeit gehen!« Sie lächelt dabei süffisant.
– Vergeßliche Menschen sind häufig passiv und nachgiebig. Sie sagen ja, wo sie nein sagen müßten, rächen sich aber durch aggressive Vergeßlichkeit.

Möglichkeit 4: Wenn Menschen Mißverständnisse produzieren
– Mißverständnisse können großen Schaden anrichten. Häufig verstecken sich in ihnen verdeckte Aggressionen.
– »Ich dachte, Sie hätten den nächsten Freitag gemeint!«
– »Sie haben mir nicht gesagt, daß Sie die Unterlagen sofort benötigen!«
– »Das tut mir schrecklich leid, aber ich habe die Urinproben verwechselt. Ausgerechnet bei Frau X, die Ihnen so am Herzen liegt!«

Möglichkeit 5: Wenn Menschen verzögern
– Die Verzögerungstaktik kann eine versteckte Aggression enthalten. Es werden Versprechungen gemacht, die aber

nicht eingehalten werden. Der Betreffende hat ein instinktives Gefühl dafür, daß die Verzögerungstaktik weh tut.

- »Morgen bringe ich bestimmt die Unterlagen mit, ich hoffe, daß ich an der Klinik vorbeikomme.«
- »Leider treffe ich Herrn X erst nächste Woche. Ich habe inzwischen fünfmal angerufen, er war nie anzutreffen.«
- »Vor einem Jahr habe ich bei Ihnen einen Schrank bestellt. Ich hoffe, er wird jetzt schnellstens fertig.« Der Tischler weiß, daß ihn der Kunde schon mal mit der Bezahlung hingehalten hat. Bei diesem Auftrag wird der Kunde bestraft.

Möglichkeit 6: Wenn Menschen zu spät kommen
- Wir sprechen in der Seelsorge und der Therapie davon, daß Menschen, die ständig zu spät kommen, dem Seelsorger oder Therapeuten eine versteckte Aggression signalisieren wollen.
- Zuspätkommen ist ein aggressiver Akt. Man läßt die Person warten. Mitarbeitern oder Untergebenen wird durch Zuspätkommen Überlegenheit demonstriert.
- Menschen, die zu spät kommen, besitzen eine große Phantasie, glaubhafte Entschuldigungen vorzubringen.

Möglichkeit 7: Wenn Menschen Anerkennung verweigern
- Es liegt auf der Hand, wenn Ehepartner dem Mann oder der Frau die Anerkennung verweigern, daß sich versteckte Aggressionen dahinter verbergen.
- Anerkennungsverweigerung beinhaltet Mißachtung des anderen. Neid, Eifersucht und Wut können zur Sprache kommen.
- Anerkennungsverweigerung kann in der Ehe zum Fremdgehen und zum Ehebruch führen.

Möglichkeit 8: Wenn Menschen hilflos werden
- »Hilflosigkeit ist die größte Machtentfaltung, die man sich vorstellen kann«, behauptet der individualpsychologische Psychiater Rudolf Dreikurs.

- Hilflosigkeit ist Macht durch Tränen, durch Empfindlichkeit und Schwäche.
- »Tränen sind Wasserkraft!« schrieb Alfred Adler.
- Hilflosigkeit ist ein aggressiver Zug, um andere (Partner, Kinder, Eltern und Schwiegereltern) an die Kette zu legen.
- Hilflosigkeit beinhaltet Ausnutzung und Manipulation der Umgebung.

Aggression am Steuer

Die Bruderhilfe hat auf ihrer Akademie für Verkehrssicherheit eine wissenschaftliche Untersuchung über aggressives Fahrverhalten vorgelegt. Bei rund 200 Testfahrten auf Autobahn und Bundesstraßen gingen Psychologen der Aggression bei Autofahrern nach. Sie benutzten Fragebögen, machten Verhaltensbeobachtungen, testeten Herzfrequenzen und maßen den Hautwiderstand. Folgende Ergebnisse sind aufschlußreich:

Das eigene Verhalten orientiert sich am anderen

Eine Binsenweisheit erweist sich als aufschlußreich: Das eigene Verhalten im Straßenverkehr hängt mit dem der anderen Verkehrsteilnehmer zusammen. Viele fahren nach der Devise: »Wie du mir, so ich dir!« Verhaltensmuster, die die Testperson als aggressiv einstufte, beantwortete sie selbst ebenfalls mit aggressiver Fahrweise.

Bei den meisten Delikten geht es um dichtes Auffahren. Das wurde auf Autobahnen und auf Bundesstraßen beobachtet. Drängler wurden überall ermittelt. Die Bedrängten reagierten selbst aggressiv. Oft entstanden lange Auffahrketten, weil einer den anderen vor sich hertrieb. Nicht wenige versuchten auch, rechts zu überholen, um schneller vorwärtszukommen.

Aggressive Verhalten in Zahlen: 84 % dichtes Auffahren, 4,3 % Lichthupe, 3,3 % rechts Überholen, 3 % aggressive Gestik.

Beobachtet wurde ebenfalls, daß zwischen den Geschlechtern kein Unterschied besteht. Männer wie Frauen fuhren in gleicher Weise aggressiv.

Welche Motive lassen sich aus aggressivem Fahrverhalten ableiten?

Die Untersuchungen beschäftigten sich ebenfalls mit den Motiven der Aggression. Folgende Gesichtspunkte spielten eine Rolle:

– Bei Vielfahrern wurde eine erhöhte Aggressivität festgestellt. Wollen sie sich durchsetzen, um schnell ans Ziel zu gelangen?

– Weiter wurde festgestellt, daß zwischen Erfolg, Zielstrebigkeit, Ehrgeiz und aggressivem Verhalten ein signifikanter Zusammenhang besteht. Je leistungsorientierter und karrierebewußter, desto aggressiver die Fahrweise.

– Testfahrer, die einen männlichen Begleiter auf dem Beifahrersitz hatten, reagierten stärker aggressiv als Testfahrer, die eine weibliche Begleiterin mit sich führten.

– Die meisten Befragten waren der Meinung, daß Geschwindigkeitsbegrenzungen keineswegs die Aggressivität im Verkehr verringern würden.

– Aggressivität wird von vielen als »erfolgversprechend« charakterisiert. Wer im Leben eher ein Draufgänger ist, will sich auch als Fahrer entsprechend beweisen. Aggressivität ist von daher eine Frage des Lebensstils und der Persönlichkeitsstruktur.

Aggression und Sprache

In der Literatur, im Fernsehen und im sprachlichen Austausch haben sich inhumane, menschenverachtende, liebesfeindliche und aggressive Umgangsformen entwickelt, die das partnerschaftliche Zusammenspiel erheblich belasten. Wir sind stolz darauf, in unserer Gesellschaft freier, offener und selbstbewußter geworden zu sein. Die Emanzipation der Frau hat viele Männer verunsichert, die oft mit großen Potenzproblemen zu tun haben. Therapeuten und Beratungsfachleute bemühen sich um den »schwachen« Mann, um ihn seelisch wieder aufzubauen.

Die Zahlen über die sexuell zufriedene Frau sind erschütternd. Wenn wir Untersuchungen Glauben schenken dürfen, hat jede zweite deutsche Frau Frigiditätsstörungen. Als Eheberater haben mich immer die Hintergründe für sexuelle Schwierigkeiten in Partnerschaften interessiert.

Liebestöter vulgäre Sprache

Ein Faktor, der viel zu wenig Beachtung gefunden hat, ist das Vokabular, das Jungen und Mädchen, Männer und Frauen im Liebesspiel benutzen. Die Begriffe »ficken«, »vögeln« und »bumsen« haben sich so in die Umgangssprache eingeschlichen, daß sie unterschwellig die Zärtlichkeit blockieren. Das Wort »ficken« stammt aus der Kriegssprache und besagt, daß die Burg in alter Zeit mit Mauerbrechern erobert und zum Einsturz gebracht wurde. Die gewaltigen, angespitzten Baumstämme, die in den Zerstörungsmaschinen hingen, nannte man Fickbäume. Brutalität und Feindschaft stecken hinter dem Begriff. Das rüde Vokabular ist Symptom gestörter Partnerschaftsbeziehungen.

Wiederholt habe ich auf Seminaren Paare gefragt, ob sie sich mit diesen Worten gegenseitig animieren, körperlich intim zu werden. Besonders Frauen fühlten sich angeekelt.

Die gleiche Untersuchung habe ich vor Jahren in einem »Haus der offenen Tür« vorgenommen. Die Besucher, im Alter zwischen 15 und 18 Jahren, sollten geheim auf Zetteln ankreuzen, ob sie im gegengeschlechtlichen Zusammensein diese Worte benutzten. Nicht ein Junge oder Mädchen hatte die Frage bejaht. Im anschließenden Gespräch gestanden allerdings die meisten, daß sie in Gruppen untereinander diese

Worte benutzten. Daß viele Jungen, die sich untereinander über Liebe, Frauen und Sex unterhalten, zu diesem Vokabular greifen, ist heute kein Geheimnis mehr. Daß in mitternächtlichen Talkshows, die breit und ausführlich Sexthemen behandeln, diese Begriffe wie selbstverständlich benutzt werden, macht die Sache nicht einfacher.

Was versteckt sich hinter dem inhumanen Vokabular?

Die Sprache verrät uns. Sie ist ein Spiegelbild unseres Denkens und unserer Einstellung. Die sexuelle Kraftmeierei und Protzerei ist eine Überkompensation von Unterlegenheitsgefühlen. Die technisierte und mechanisierte Liebe ist im Grunde »sexualfaschistisch«.

Jungen und Männer müssen sich wichtig tun. Was drücken sie damit aus, wenn sie formulieren:
– »Gestern abend habe ich eine Frau umgelegt.«
– »Die mit den dicken Titten habe ich rumgekriegt und drangenommen.«
– »Die Hübsche aus der Clique habe ich fertiggemacht.«
Die Ausdrücke sollen Stärke, Machoallüren, Überlegenheit und Unwiderstehlichkeit widerspiegeln.

Im Grunde handelt es sich
– um Schwäche,
– um vorgespielte Stärke,
– um Minderwertigkeitsgefühle und
– um Angeberei.
Sie nehmen den Mund voll, und es steckt wenig dahinter.

Die seelische Selbstverstümmelung, die sich in Frigiditätsstörungen und Impotenz zeigt, charakterisiert die Sprache des Leibes. Der Körper beantwortet unsere liebesfeindlichen Gedanken.

Das Mißverstehen von Erotik und Sexualität

Das Sexuelle kann physiologisch relativ präzise definiert werden als Aufbau und Abbau körperlicher Spannungen. Im Gegensatz dazu kann Eros charakterisiert werden als die Erfahrung des persönlichen Sinngehaltes des Liebesaktes.

»Liebesakt«, das ist eine gute Umschreibung für den Geschlechtsverkehr. Dr. Bovet, der Vater der Eheforschung in Europa, hat es abgelehnt, von »körperlicher Sexualität« zu sprechen. Wir drücken damit aus, daß der Liebesakt ausschließlich die körperliche Seite der Sexualität meint. Wie kurzschlüssig gedacht! Der Liebesakt meint den ganzen Menschen – nach Leib, Seele und Geist. Wer ein rüdes und aggressives Vokabular benutzt, hat lediglich den »Drüsenablauf«, die »Samenentleerung« und die Befriedigung rein triebbedingter Abläufe im Auge. Gott hat uns diese Kräfte auch verliehen. Sie gehören zu uns. Ihr wahrer Sinn erschließt sich aber erst in der ganzheitlichen Liebesbegegnung.

Der bekannte amerikanische Psychotherapeut Rollo May beschreibt die Sexualität folgendermaßen: »Römer und Griechen hatten – genau wie wir – zwei verschiedene Worte für Sex und Liebe; uns mag es merkwürdig erscheinen, wie selten die Römer vom *sexus* sprachen. Das Sexuelle stellte für sie kein Problem dar; ihr Interesse galt *amor*. Ganz ähnlich verhält es sich bei den Griechen. Jeder kennt das griechische Wort *eros,* aber so gut wie niemand hat je das griechische Wort für Sex gehört. Es ist das Wort, von dem sich der zoologische Begriff *phylos* – Stamm oder stammverwandte Gruppe – herleitet. Es hat absolut nichts mit dem griechischen Begriff *philia* zu tun, das Liebe im Sinne von Freundschaft bedeutet.

Sex ist demnach ein zoologischer Begriff, der zu Recht auf alle Tiere genauso angewendet wird wie auf den Menschen. Kinsey war Zoologe und untersuchte – seinem Beruf entsprechend – das sexuelle Verhalten des Menschen unter zoologischen Aspekten. Masters ist Gynäkologe, sein Interesse bei der Erforschung des Sexuellen richtet sich dementsprechend auf die Sexualorgane und ihre Manipulation; aus dieser Perspektive betrachtet, ist die Sexualität ein System neurophysiologischer Funktionen.«[40]

Die Charakterisierung ist deutlich. Kein Mißverständnis: Es geht nicht um die Diskriminierung des Sex. Es geht um die rechte Einordnung. Aggressives Vokabular hat nicht die Liebe im Sinn, sie hat den Abbau von Spannungen vor Augen.

Mit aggressivem Vokabular drängt ein Mann zur Sache.

Aggressives Vokabular hat mit Überrumpelung zu tun.

Aggressives Vokabular hat mit Angriff, aber nichts mit liebevoller Annäherung zu tun.

Erotik meidet die Aggression

Das Wort Erotik leidet unter einer babylonischen Sprachenverwirrung. Für viele ist es gleichzusetzen mit sexuellem Reiz. Wer über Erotik spricht, spricht über Sex. Wer sich einen erotischen Film ansieht, erwartet blanken Sex.

Erotik hat aber eine andere Dimension, hat eine andere Qualität. Ich möchte versuchen, Erotik zu definieren:

Eros ist ein ständiges Begehren, ein Sehnen, ein glühendes Verlangen – nicht in erster Linie nach sexueller Befriedigung.

Eros ist die Sprache der Zärtlichkeit, und Zärtlichkeit ist mit »zart« sprachverwandt.

Eros ist Sympathie und Anziehung. Er bevorzugt die leisen Töne.

Eros strebt nicht in erster Linie eine sexuelle Entspannung an, sondern eine intensive Liebe.

Eros sucht die Vereinigung mit dem anderen in Liebe; der Eros sucht nicht den Orgasmus.

Eros will die Beziehung, nicht in erster Linie den Körper.

Eros sucht Verständnis, Austausch, Gleichklang.

Erotik ist die seelische Liebe, sie geht auf die Seele des Partners ein.

Erotik meint bei den Griechen auch Hingabe an den Beruf, Hingabe an eine Aufgabe, Hingabe an eine Sache.

Erotik bringt den seelischen Reichtum in die Beziehung.
Erotik ist ausgesprochen menschlich. Das Tier kennt keine
Erotik. Es ist programmiert und wird von Instinkten gesteuert.
Erotik ist Liebeskunst. Sie meint aber nicht die »Stellungen im
Geschlechtsverkehr«, sondern die hohe Kunst, sich innige
Liebe und Zuneigung zu zeigen.
Erotik ist eine Macht, die die sexuellen Beziehungen vergei-
stigt und ihnen eine dauerhafte persönliche Begegnung ver-
schafft.

Wer eine echte Liebesbeziehung will und keinen »sexuellen
Quickie«, eine körperliche Entspannung, die lediglich den
Körper des anderen will und nicht die gesamte Person, der
wird niemals ein Freund aggressiven Vokabulars. Er wird
Gewalt, Brutalität und Vergewaltigungsallüren in der Ehebe-
ziehung ablehnen.

Welche Schritte sind gegen Aggressionen hilfreich?

Im beraterischen, seelsorgerlichen und erzieherischen Bereich
sind konkrete Schritte notwendig, um destruktiven Verhaltensmustern zu begegnen. Es gibt keine Patentrezepte.

Schritt 1: Geben Sie zu, daß Sie wütend sind!
Das gilt für den kleinen Ärger, das gilt bei großer Wut, das gilt
für alle Aggressionen.

»Diese Wut zu spüren ist an sich noch keine Sünde. Auch
Jesus wurde zornig, aber war doch ›ohne Sünde‹, weil er seine
Wut so kanalisierte, daß sie immer noch Gott verherrlichte
(Joh. 2,13ff.). Sündig sind allenfalls die Motive, die hinter
unserem Zorn stecken (Egoismus, Eifersucht), und die Art und
Weise, wie wir sie ausleben.«[41]

Aggression und Zorn zuzulassen ist ein erster Schritt. Wer
sie verleugnet und verdrängt, schadet sich und seiner Umgebung. Wer sie zuläßt, kann darüber gründlich reflektieren. Wer

sie zuläßt, dem werden im Gebet klare Weisungen Gottes
zuteil.

Schritt 2: Fassen Sie Zorn und Aggression in rechte Worte!
Aggression und Zorn sind oft grenzenlos. Sie werden herausgeschrieen, nicht selten verbunden mit tätlichen Attacken.

Häufig wird der Partner ausgeschlossen. Die Tür wird verriegelt. Der verletzte und aggressive Teil stellt dem anderen die
Koffer vor die Tür.

Reifen werden zerschnitten, Autos zertrümmert, Anzüge
und Kleider unbrauchbar gemacht. Aggressionen müssen
geäußert werden. Aber achten Sie darauf, daß keine Tischtücher zerschnitten werden.

Sprechen Sie im Ich-Stil. Der Du-Stil ist anklagend, verletzend und in der Regel völlig unsachlich. »Ich bin tief verletzt.
Mich hat der Ehebruch wie eine Granate getroffen!«

Ich spreche über *meine* Verletzung, über *meinen* Zorn, über
meine Enttäuschung.

Die Alten haben gesagt: »Sprich erst ein Vaterunser, bevor
du losbrüllst und deiner Aggression ungebremst Ausdruck verleihst.«

Unter Umständen schlagen wir endgültig die Türen zu, die
bis dahin noch offen standen.

Schritt 3: Analysieren Sie Ihre Aggression und Ihre Wut!
Die Fragen lauten:

»Was hat mich am meisten verletzt?«

»Welche Lebenseinstellungen, die mir wichtig sind, wurden mißachtet?«

»Welche Rechte, die ich beanspruche, werden in Frage
gestellt?«

»Welcher Lebensstilhauptaspekt, der mir viel bedeutet,
wurde mit Füßen getreten?«

»Warum trifft mich, in meiner Wesensart, diese Verletzung
so schwer?«

»Die drei Hauptursachen für ungerechtfertigte Wut sind Egoismus, Perfektionismus und die paranoide Grundhaltung, jeder ist gegen mich – keiner liebt mich – jeder ist hinter mir her.«[42]

– Wer *egoistisch* seinen Willen durchsetzen will, reagiert aggressiv.

Egoismus beinhaltet: Ich habe zu hohe Erwartungen an mich und an die andern.

– Wer *perfektionistisch* denkt, fühlt und handelt, gerät in Unzufriedenheit, wird wütend über andere und über sich selbst.

Perfektionismus beinhaltet: Ich erwarte von mir und anderen Fehlerlosigkeit.

– Wer *paranoid,* das heißt wahnhaft die Welt gegen sich erlebt, kann auch nur wütend und aggressiv gegen andere zu Felde ziehen.

Paranoide Wahrnehmung beinhaltet: Ich glaube, auch der Partner liebt mich nicht, auch der liebste Mensch ist gegen mich.

Schritt 4: Halten Sie Ihre Aggression uneingeschränkt für richtig?
Sind Sie von der eindeutigen Schuld der anderen überzeugt?

Könnte es sein, daß Sie dem Verletzer gewollt oder ungewollt Anlaß gegeben haben?

Was haben Sie selbst unterlassen? Was haben Sie versäumt? Womit haben Sie das Fehlverhalten des anderen gefördert?

Es ist völlig falsch, den Spieß umzudrehen und sich alle Schuld für Kränkung und Verletzung, die der andere Ihnen zugefügt hat, auf die eigene Seele zu binden. Wer seinen Anteil bei zwischenmenschlichen Verletzungen erkennen kann, wird weniger aggressiv seinem Schmerz und seiner Wut Ausdruck verleihen. In zwischenmenschlichen Krisen, die ein Partner sichtbar und nachprüfbar ausgelöst hat, sind in der Regel beide Parteien beteiligt.

Dr. Bovet, der Vater der Eheforschung in Europa, konnte sagte: »Ehebruch setzt immer eine brüchige Stelle in der Partnerschaft voraus.« Der offensichtliche Fehltritt des einen hat in der Regel mit dem anderen etwas zu tun. Zwei Menschen, auch in schweren Krisen, spielen gewöhnlich perfekt zusammen.

Wer als schwer Verletzter seinen eigenen Anteil erkennen kann, hat normalerweise der destruktiven Aggressivität die Zähne gezogen.

Schritt 5: Welche geistlichen Regeln wurden verletzt?

Jeder Christ und Ehepartner und jedes Familienmitglied hat Rechte, die in Regeln niedergelegt sind. Wie lauten solche Regeln?

»Behandelt die Menschen so, wie ihr selbst von ihnen behandelt werden wollt – das ist alles, was das Gesetz und die Propheten fordern« (Matth. 7,12).

Jesus hat in seiner Antrittsrede diese »goldene Regel« verkündet.

Die Sprüche sind ebenfalls voll von Lebensregeln, die Weisheiten vermitteln, die im Zusammenleben eine große Bedeutung haben. Gott hat es gewollt und zugelassen, daß die »Sprüche« in die Bibel aufgenommen werden.

Dann finden wir die eindeutige Regel, die Paulus im 1. Korintherbrief formuliert:

»Der Mann soll seine Frau nicht vernachlässigen, und die Frau soll sich ihrem Mann nicht versagen. Die Frau verfügt nicht über ihren Körper, sondern der Mann; ebenso verfügt nicht der Mann über seinen Körper, sondern die Frau« (1. Kor. 7,34).

Diese Regel ist für damalige und heutige Verhältnisse revolutionär. Viele Verletzungen und Kränkungen und viele aggressive Reaktionen entzünden sich an dieser hilfreichen und praktischen Regel.

Mann und Frau haben selbstverständlich keine Verfügungs*gewalt* über den anderen. Aber beide sind verpflichtet, sexuelle Schwierigkeiten untereinander zu klären. Wer sie verdrängt, verleugnet und als Nebensache beiseite legt, versündigt sich am Partner.

Eine grundlegende Regel, die als Kardinalsatz des Alten und Neuen Testaments gilt, ist der Satz: »Du sollst deinen Nächsten lieben wie dich selbst« (3. Mose 19,18).

An diesem prägnanten Kernsatz, der ein Leitmotiv für partnerschaftliches Zusammenleben beinhaltet, kann ich meine Wut und meine Aggressionen überprüfen.

Schritt 6: Verarbeiten Sie Ihren Zorn und Ihre Aggression durch Vergebung
Vergebung ist die schwerste Aufgabe der Liebe.
Vergebung ist das genaue Gegenteil von dem, was wir natürlicherweise tun wollen.

Wir wollen uns rächen,
wir wollen heimzahlen,
wir wollen zurückschlagen,
wir wollen den anderen demütigen.

Viele Verletzte halten es für ungerecht, daß dem Partner, dem Elternteil oder dem Freund so schnell vergeben wird. Der andere hat die Vergebung nicht verdient.

Wer vergibt, tut sich selbst einen großen Gefallen. Wer nicht vergibt, schädigt sich noch mehr. Er wird immer frustrierter, sein Gesundheitszustand leidet, sein Lebensgefühl ist und bleibt auf dem Tiefpunkt.

Wer vergibt, erlebt eine Befreiung.

Die holländische Evangelistin Corrie ten Booem saß in Nazideutschland im Konzentrationslager. Sie und ihre Schwester wurden von Aufsehern gequält und geschlagen. Sie entwickelten Haß und Aggressionen gegen die Schergen. In einer stillen Stunden zeigte ihr Gott, daß sie nicht hassen, sondern lieben sollte. Und Corrie ten Booem schreibt darüber:

»In dem Augenblick, da ich imstande war zu vergeben, legte sich mein Haß. (...) Vergebung ist der Schlüssel, der die

Tür der Feindseligkeit öffnet und die Handfesseln des Hasses löst. Sie ist die Macht, die die Ketten der Verbitterung sprengt und die Fesseln der Ichsucht abfallen läßt. Was für eine Befreiung ist es, wenn du vergeben kannst!«[43]

Aggression und Erziehung

Wir können davon ausgehen, daß es nur sehr wenige menschliche Verhaltensweisen gibt, die Instinkthandlungen sind. Die bekannteste Instinkthandlung beim Menschen ist das Saugverhalten des Säuglings. Die Instinkthandlung ist gekennzeichnet durch Appetenzverhalten (Schreien, rhythmische Brustsuche und Kopfpendeln) und durch eine triebverzehrende Endhaltung (Saugen). Einen Aggressions-Instinkt im Sinne dieser Definition kann es nicht geben, weil der Mensch kein arttypisches Angriffsverhalten entwickelt hat. Er durchläuft vielmehr eine komplizierte seelische Entwicklung, die bestimmte Charakter- und Persönlichkeitsstrukturen heranbildet. Die seelischen Strukturen, die der Mensch in den ersten Lebensjahren entwickelt, bleiben weitgehend für das gesamte Leben bestimmend. »Das Kind ist der Vater des Mannes.«

Aus dem Verständnis der psychischen Dynamik der Kinderjahre kann das Verhalten des Menschen begriffen werden, auch sein aggressives Verhalten. Der aggressive Lebensstil kann zur bevorzugten mitmenschlichen Verhaltensweise werden. Das Kind entwickelt diesen Lebensstil, bekennt sich zu dieser »Gangart« und glaubt, in ihm ein brauchbares Werkzeug gefunden zu haben, das Leben zu gestalten und zwischenmenschliche Begegnungen erfolgreich aufzubauen. Die Lebensläufe von Menschen sind ein eindrucksvolles Bilderbuch, aus dem man Schlüsse auf seelische Dispositionen, auf Verwirrungen, Fehlentwicklungen und charakterliche Deformationen ziehen kann. Durch Erziehung entstehen Aggression, Krieg und Brutalität. Das »Böse« stammt nicht aus der Natur des Menschen, sondern aus seiner Kultur. Ist der Mensch mit sich und den Mitmenschen im Einklang, sind aggressive

Impulse keine Notwendigkeit. Entwickelt er aber Angst, Selbstwertstörungen und Minderwertigkeitsgefühle, greift er unter Umständen zu aggressiven Arrangements, die seine Stellung verbessern sollen. J. Rattner umschreibt das so: »Im Zusammensein mit anderen mobilisiert der Neurotiker Affekte und Fantasie, so daß viele seiner sozialen Beziehungen allzu leicht in Angst, Streit, Haß und Verzweiflung ausarten. Neid, Geiz, Haß, Eifersucht, Wut, Zorn, Kampfbereitschaft, Streitsucht, Unruhe, Affektgeladenheit sind alles Mittel, die er verwendet, um die Menschen, mit denen er in Beziehung kommt, in Schach zu halten.«[44]

Einige Beispiele aus verschiedenen Bereichen menschlichen Lebens sollen verdeutlichen, wie sich aggressive Impulse als Verhaltensmuster im zwischenmenschlichen Bereich auswirken. Wer jahrelang aggressive Verhaltensreaktionen eintrainiert und eingesetzt hat, wird zweifellos nicht von heute auf morgen neue, bessere Verhaltensmuster übernehmen wollen. Sehr oft kann nur eine therapeutische Behandlung die geheimen Motive der Aggression aufdecken und sozialfreundliche Methoden beim Klienten entwickeln. Zum anderen erfordert unsere Erziehung in Elternhaus und Schule eine gründliche Reflexion darüber, wie aggressives Verhalten vermindert oder verhindert werden kann.

Wahnhafte Angst und Aggression aus Notwehr

Angst und Furcht gehören zum menschlichen Leben. Von der Wiege bis zur Bahre begleiten sie uns. Es ist auch eine Illusion, Angst und Furcht aus dem menschlichen Dasein vertreiben zu können. Leider gehen im täglichen Sprachgebrauch die Begriffe Angst und Furcht ineinander über. Wir sprechen von Todes*angst* und Todes*furcht*.

Angst und Furcht sollten wir säuberlich auseinanderhalten. *Furcht* ist auf etwas gerichtet, auf etwas Bedrohendes. Furcht spiegelt die mehr oder minder richtig eingeschätzte Gefahr einer realen Situation wider.

Wir fürchten:
– eine weiter um sich greifende Inflation,
– die Grippe, die sich über ein Land oder mehrere Länder ausbreitet,
– den bissigen Hund vom Nachbarn, der uns anbellt und seine Zähne fletscht,
– die Liebenswürdigkeit eines Kollegen, hinter der wir Bosheit vermuten.

Angst dagegen ist die individuelle, mehr oder weniger verzerrte Reaktion des Menschen auf tatsächliche oder eingebildete Erlebnisse.

Manès Sperber formuliert den Unterschied so: »In der Furcht widerspiegelt sich eine mehr oder minder richtig eingeschätzte Gefahr einer richtig wahrgenommenen Situation. In der Angst äußert sich ein Charakter innerhalb einer Situation, die keinesfalls gefährlich sein muß, die aber jedenfalls mangelhaft, tendenziös – verzerrt – wahrgenommen ist. Die Furcht ist von der Wahrnehmung erzeugt, aber die Angst erzeugt die sie bestätigenden Wahrnehmungen. Die Furcht ist durch die Zahl der wahrscheinlichen Gefahren beschränkt, die Angst ist unbeschränkt, wie es praktisch die Zahl der möglichen Irrtümer ist.«[45]

Angst bewertet, Angst deutet um, Angst verzerrt. Sie vermutet, verdächtigt, beschuldigt und mißdeutet.

Paranoide Angst und Aggression

Die verzerrte, wahnhafte Angst wird von den betreffenden Menschen selbst nicht so empfunden. Man kann sagen, ihr Mißtrauen ist abnorm, ihre Täuschungen sind grenzenlos. Sie sehen hinter »jedem Busch einen Räuber«, vermuten überall Bedrohungen und Negatives und versuchen, sich entsprechend zu sichern. Aus Selbsterhaltung glauben sie sich wehren, sich schützen und zurückschlagen zu müssen.

Viele gehen noch einen Schritt weiter. Sie sind überzeugt, daß sie der bewußten Provokation zuvorkommen müssen. Sie fühlen sich angegriffen und meinen, aus Notwehr handeln zu müssen.

Wie können wir uns dieses wahnhafte Verhalten aus der Entwicklungsgeschichte jener Menschen erklären? Wie entsteht das paranoide Angstarrangement? Der Psychoanalytiker Fritz Riemann hat die Kindheitsgeschichte dieser Menschen so charakterisiert:»Erlebt das Kind (...) die Welt (...) als fern, kalt, fremd, un-heimlich, unverläßlich oder aber als chaotisch wechselnd, übermannend und gefährlich, so wird es sich zurücknehmen, sich verschließen und, statt sich vertrauend zu öffnen, ein ganz frühes und tiefes Mißtrauen erwerben. (...) Die Folge ist, daß solche Kinder sich von ganz früh an gegen die Welt wehren müssen. (...) Wir können hinzufügen, daß der heutige abendländische Mensch, daß diese Generation in größerer Breite solche schizoiden Züge aufweist. Das Halbstarken-Problem ist hiermit zum Teil in Zusammenhang zu sehen.«[46]

Eine Verhaltensweise, diesem Mißtrauen und einer wahnhaften Angst Ausdruck zu verleihen, ist die unangemessene Aggression. Der Mensch handelt subjektiv richtig. Er kann nicht anders und muß aus Notwehr seinen Widersachern zuvorkommen.

Angst und Notwehr

Notwehr ist ein gefährliches Wort, mit dem sehr viel Mißbrauch getrieben werden kann. Es liefert dem Mörder ein akzeptables Alibi, sich aus der Affäre zu ziehen:
– »Er hat mich bedroht.«
– »Seit langem verfolgt er mich.«
– »Er hat es auf mich abgesehen.«

- »Ich bin ihm nur zuvorgekommen.«
- »Er hat mich immer so angeschaut, als wollte er sich über mich lustig machen.«
- »Seit vielen Jahren wollte er mich fertigmachen.«
- »Ich konnte seine widerliche Visage nicht mehr ertragen. Sein Anblick war eine Provokation.«

War der Anblick des anderen wirklich eine Provokation? Hat sich der andere tatsächlich über den Mörder aus Notwehr lustig gemacht? Hätte der Ermordete unabweislich zum tödlichen Schlag ausgeholt, wie es der Mörder aus Notwehr getan hat?

Paranoide Angst, Wahn-Angst, kann den Menschen zum Mörder und Verbrecher machen. Der Mensch fühlt sich bedroht, obschon er es in Wirklichkeit nicht ist. Er begegnet dem anderen mit krankhaftem Mißtrauen, obwohl kein objektiver Grund dafür vorliegt. »Lachst du mich aus oder an?« Wir kennen diese witzige und zugleich ernst zu nehmende Frage.

Wir kennen den scherzhaften Umgangston von Menschen, die miteinander flirten. Und doch kann dieser Scherz ein krankhaftes Mißtrauen beinhalten. »Er (sie) lacht mich aus! Ich weiß es genau. Ich habe ein untrügliches Gefühl dafür. Das wird er (sie) büßen müssen, denn ich lasse mich nicht auslachen!«

Das Minderwertigkeitsgefühl wird zum Motor rachsüchtiger Gedanken. Man findet täglich neue Bestätigungen. Man hat sich nicht geirrt. Man kann es nicht auf sich sitzen lassen. Wahnhafte Angst, die die Wirklichkeit verzerrt, kann friedliche Bürger zu teuflischen Gesellen, ahnungslose Passanten zu aggressiven Raufbolden, Besucher in Gaststätten zu Streitsüchtigen, friedfertige Nächste zu hinterhältigen Zeitgenossen, Untergebene oder Unternehmer zu rachsüchtigem Gesindel und x-beliebige Menschen zu potentiellen Mördern und Verbrechern stempeln. Das Recht ist auf seiner Seite. Er selbst ist unschuldig wie ein Lamm. Schließlich hat er nur sein Leben gerettet, hat schneller zur Pistole gegriffen und ist dem gegnerischen Vernichtungsschlag hellsichtig zuvorgekommen.

Minderwertigkeitsgefühl und Aggression

Herr D. ist 32 Jahre alt und von Beruf Bandwirker. Er mußte die Volksschule vorzeitig verlassen, weil er für die Schule, für die Lehrer und die Klassenkameraden unerträglich wurde, wie es in den Akten hieß. Herr D. hat eine lose Faust, von loser Hand kann keine Rede sein. Seine junge Frau hat schon manche Tracht Prügel einstecken müssen. Er nennt das: »die Möbel geraderücken«. Er ist von einem unbändigen Geltungs- und Machtdrang beherrscht. Auf der Schule hat er versagt. Täglich wurde ihm seine Dummheit bescheinigt. Jedenfalls hat Herr D. das so in Erinnerung. Seine Geschwister hackten auf ihm herum, seine Eltern stimmten in den Chor mit ein. Und die Lehrer ließen ihn links liegen. Das war zu viel für ihn: »Ich hab' mir das eine Zeitlang angesehen, da hab' ich Terror gemacht.«

Ich: »Wie meinen Sie das?«

Er: »Ich saß am Fenster, wenn der Lehrer einen Augenblick wegguckte, habe ich einen Blumentopf von der Fensterbank gerissen und ins Klassenzimmer gekippt.«

Von den Kindern wurde er als »doof« bezeichnet. Seine einfachen Eltern konnten sich die Leistungsschwäche ihres Kindes nicht erklären und versuchten, es mit bissiger Kritik nach oben zu ziehen. Sie meinten, daß harte Kritik ihn eines Tages anstacheln würde.

Alle Vorwürfe aber düngten nur sein Minderwertigkeitsgefühl, untergruben sein gesundes Selbstwertgefühl und steigerten einen krankhaften Machtdrang. Mit dem Kopf konnte er sich nicht durchsetzen und seinen Mitmenschen imponieren, aber mit den Fäusten.

Lachen wirkt auf ihn wie eine Bedrohung. Er fühlt sich ständig ausgelacht und abgewertet. Das Auslachen, wie es Herr D. empfunden hat, muß eine traumatische Wirkung auf ihn gehabt haben. Sein ganzer Körper geht reflexartig in Abwehr, wenn jemand laut lacht. Wenn jemand in seiner Nähe das Gesicht verzieht, kribbelt es ihm in den Fingern. Die Fäuste ballen sich, und in der Regel schlägt er wild und erbarmungslos zu. Nichtige Anlässe können verheerende Wirkungen haben.

Eines Tages kommt er in ein Restaurant, und ein Bekannter bewundert seine neue Krawatte. Herr D. erzählte mir den Vorgang später. »Der Bodo stand an der Theke, guckte auf meine Krawatte und nickte! Is 'ne Wucht oder so was Ähnliches sagte er, dabei lachte der Hund. Ich bin doch nicht dämlich und merke sofort, daß er mich auf den Arm nehmen will. Da wird nicht lange gefackelt, der kriegt sein Fett. Zehn Minuten später ist die Polente da. Die Tür geht auf, zwei Bullen erscheinen. Mein Gehirn arbeitet wie ein Computer, das müssen Sie wissen. Ehe die sich einmal richtig umgeguckt haben, bin ich hinter der Theke, renne durch die Küche und springe aus dem Fenster. Reagieren muß man können. Ich kann reagieren! Die Bullen waren aber nicht vergeblich gekommen, sie konnten wenigstens den Bodo ins Krankenhaus bringen, der sah aus, als wenn er gegen ein Auto gelaufen wäre!«

In seinem Bericht spiegelt sich der Stolz, gleich zwei Polizeibeamten entwischt zu sein. Er lobt sein Computer-Gehirn und seine schnelle Reaktionsfähigkeit. Unverblümt erzählt er, daß der Bekannte sich über ihn lustig gemacht hat. Das glaubt er jedenfalls und rächt sich auf blutige Weise für vergangene Demütigungen: »Wenn ich Lachen höre, sehe ich Rot. Mein Lehrer hat mich mal ausgelacht, vor der ganzen Klasse. Wenn ich in dem Augenblick einen Ballermann (eine Pistole) in der Hand gehabt hätte, ich hätte abgedrückt – todsicher!«

Eines Tages hat er wieder einen harmlosen Menschen niedergestreckt. Er schildert den Vorgang so:

»Ich wollte ins Kino. Durch die Scheibe vor der Tür sehe ich, wie an der Kasse eine Reihe meiner Kumpel stehen. Sie machen Witze und lachen. Nehme ich jedenfalls an. Als ich die Tür aufmache, kenne ich meine Pappenheimer nicht wieder. Kein Schwanz lacht mehr. Ich schaue mir den Heini genau an. Der bewegt keine Miene, und ich hätte schwören können, der Bursche macht sich über mich lustig. Er beherrscht sich. Ich soll nichts merken. Dabei sehe ich durch den hindurch. Nur das Gesicht ist ernst, sonst lacht der ganze Kerl. Als ich ihn parterre hatte, lachte er bestimmt nicht über mich, verstehen Sie?«

Paranoide Vorstellungen, die sich ihm auf dem Hintergrund von sehr negativen Erlebnissen aufgedrängt hatten, und erhebliche Minderwertigkeitsgefühle waren der Treibstoff für seine Aggressivität und seine Lust zum Schlagen. Er wollte sich rächen, wollte nicht unterlegen sein und sich auslachen lassen. Die Umstellung eines solch krankhaft aggressiven Menschen hat zwei Jahre gedauert. Seine Rückfälle haben deutlich nachgelassen. Er konnte eine positive Einstellung gegenüber den Mitmenschen eintrainieren. Lachen wirkte auf ihn nicht mehr wie ein rotes Tuch auf den Stier. Es fiel ihm zuerst sehr schwer, auf seine Aggressivität als Arrangement zu verzichten, mit dem er sich Geltung und Respekt verschafft hatte. Er machte die Erfahrung, daß das Lachen eines Menschen keineswegs böse gemeint war, daß niemand ihn damit kränken und diskriminieren wollte.

Der Streithammel in der Familie

In vielen Familien werden einzelnen Mitgliedern bestimmte Rollen zugeteilt. Negative Erwartungen haben die Eigenart, sich zu erfüllen. Das Kind kann sich mit diesen Erwartungen identifizieren, kann sich die negativen Vorstellungen zu eigen machen. Wie können solche Rollenerwartungen aussehen?
– »Annemarie ist unser Dummerle.«
– »Gerd ist der Schlaumeier der Familie.«
– »Gisela ist ein ausgesprochenes Mauerblümchen.«
– »Friedhelm ist der Playboy, der Gesellschaftslöwe.»
– »Erwin ist ein widerlicher Streithammel.«
Die *Erwartung* prägt das Bild, das sich das Kind von sich selbst macht. Im Laufe der Zeit wird die ihm zugewiesene Rolle zur zweiten Natur. Das Kind *will* auch so sein. Es glaubt, auf diese Weise seine Vorstellungen und Ziele am besten ver-

wirklichen zu können. Die Streithammel-Gesinnung hat das Fühlen, Denken und Wollen des Erwin ausgefüllt. Und die Familie hat einen Sündenbock.

Für Erwins Gesinnung hat die Entmutigung Pate gestanden. Versagende, sich schlecht benehmende und aggressive Kinder sind entmutigte Kinder. Leider sind unsere Erziehungsmethoden oft durch und durch auf Entmutigung angelegt. Ein bestimmtes Verhalten wird pausenlos kritisiert.

– »Wenn zwei vernünftig spielen, mußt du zanken!«
– »Behalt doch deine Fäuste in der Tasche, warum mußt du immer gleich losprügeln.«
– »Wenn du heute noch einmal den Armin schlägst, sperre ich dich in den Keller – bis Vati nach Hause kommt.«

Tadeln, Drohen, Strafen tragen dazu bei, daß das Kind noch tiefer ins Versagen hineingerät, daß es seine Aggressivität steigert.

Die Wirkung positiver Erwartungen

Wenn es stimmt, daß aggressives Verhalten erlernt wird und sich der Mensch unbewußt dazu entscheidet, kann aggressives Verhalten durch positive Erwartungen verhindert werden. Die Erwartung teilt sich dem anderen manchmal unbeabsichtigt mit und gewinnt Einfluß.

Der amerikanische Psychologe Robert Rosenthal experimentierte mit zwölf Psychologiestudenten, denen er jeweils fünf Ratten aus ein und derselben Zucht zur Beobachtung übergab. Den ersten sechs Studenten erzählte man, daß man ihren Ratten die Fähigkeit angezüchtet hätte, sich in einem Labyrinth gut zurechtzufinden. Den anderen sechs wurde gesagt, daß ihre Ratten das aus genetischen Gründen wahrscheinlich nicht schaffen würden.

Von Anbeginn des Experimentes erwiesen sich die Ratten der Studenten, die an die größere Leistungsfähigkeit ihrer Tiere glaubten, als die besseren Irrgartenläufer. Die Ratten

111

dagegen, denen man zuwenig zutraute, machten kaum Fortschritte und fanden bisweilen nicht einmal den Zugang zum Labyrinth. Und doch bestand der einzige Unterschied zwischen beiden Untersuchungsgruppen in der Einstellung ihrer »Lehrer«. Wie haben die vermutlich überlegenen Ratten nun aber gemerkt, daß man von ihnen mehr erwartete? R. Rosenthal schreibt: »Die Studenten mit den ›intelligenteren‹ Ratten behandelten ihre Versuchsobjekte aufmerksamer und liebevoller als die anderen, die von vornherein mit schlechten Leistungen rechneten.«

Rosenthal setzte dann seine Rattenexperimente in die schulische Praxis um. In einer Schule, die sich zur Mitarbeit bereiterklärte, legte man Schülern vom Kindergartenalter bis zur 5. Klasse einen neuartigen »Lernfähigkeitstest« vor. Im folgenden September, nachdem die Ergebnisse ausgewertet waren, nannte man den Lehrern wie beiläufig aus jeder der neuen Klassen 5 oder 6 Kinder mit außergewöhnlicher Lernfähigkeit, die im Unterricht wahre Senkrechtstarter zu werden versprachen.

Die Lehrer wußten aber nicht, daß man die Namen dieser Schüler bereits vor dem Test aufs Geratewohl herausgepickt hatte. Der Unterschied zwischen den wenigen Erwählten und den anderen Kindern existierte lediglich in der Vorstellung der Lehrer. Am Ende des Schuljahres wurde der gleiche Test noch einmal durchgeführt. Er ergab, daß die wahllos genannten »Senkrechtstarter« ihre Mitschüler tatsächlich überflügelt hatten und ihren Intelligenzquotienten um 15 bis 27 Punkte steigern konnten. Nach Aussagen der Lehrer waren sie harmonischer, eifriger und aufgeschlossener als die anderen Kinder. Ebenso wurden ihre Erfolgschancen im späteren Leben als eindeutig besser beurteilt. Auch hier hatte sich nichts geändert als die Einstellung der Beteiligten. Da die Lehrkräfte glaubten, von bestimmten Schülern mehr erwarten zu können, forderten die Kinder es schließlich von sich selbst. Eine derartige Übertragung von Erwartungen kann dem Kind zu einem ganz neuen Selbstverständnis verhelfen. Es bedarf keines weiteren Beweises, daß in der Erziehung zu aggressionsfreiem Verhalten brachliegende Gaben und Fähigkeiten geweckt, mobilisiert und für hilfreiche zwischenmenschliche Beziehungen nutzbar gemacht werden können.

Wie sich Rachsucht entwickelt

Erwin ist das mittlere Kind einer sozial »normalen« Familie. Der Vater hat sich zum Techniker hinaufgearbeitet, verbringt viel Zeit durch Überstunden im Büro, liest viel Fachliteratur und beschäftigt sich auch in seiner Freizeit mit technischen Problemen der Firma. Im Hintergrund steht ein Stück Flucht vor der Familie, wo es ihm zu laut, zu disharmonisch und zu unruhig zugeht. Er ist ein stiller, unauffälliger Mann, der seiner Frau mit ihrem flinken Mundwerk den Vortritt läßt.

Die Mutter ist eine stark gestikulierende Person, die ihr Herz auf der Zunge trägt, sich von Ärzten ständig Beruhigungsmittel verschreiben läßt und mit lauten Worten und Geschimpfe für Ordnung sorgt. Sie kommt aus einer Familie mit nur männlichen Geschwistern, die sie als Kind und Jugendliche arg gezaust und geärgert haben, so daß Jungen in ihren Augen von vornherein den Teufel im Leib haben, frech, aufsässig und grausam sind.

Die älteste Tochter ist Mutters Liebling. Sie ist sehr angepaßt, liest der Mutter die Wünsche von den Lippen ab. Sie hat dadurch den größten eigenen Vorteil und liegt mit dem jüngeren Bruder, dem Streithammel, in beunruhigender Fehde. Die Schwester beschimpft den Bruder als Verbrecher. Die Mutter läßt die Tochter gewähren.

Das zweite Kind ist zum Sündenbock gestempelt und muß für alle Fehlschläge, Konflikte und Schwierigkeiten direkt oder indirekt den Kopf hinhalten. Der Vater möchte dem Jungen beistehen, ist aber zu oft außer Haus und überläßt seiner Frau – um des lieben Friedens willen – die Initiation. Der Junge bekommt Schwierigkeiten und Aggressionen, als die zweite Schwester geboren wird. Seine Befürchtung ist, daß jetzt noch so ein weibliches Prachtexemplar von der Mutter hofiert und er von allen abgeschrieben wird. Wo er Spielzeug der älteren Schwester erwischen kann, schlägt er es kaputt. Er wirft ihren Ranzen in einen Teich, versteckt mehrfach ihre erledigten Hausaufgaben, zerreißt das Heft und läßt die Schwester ohne Aufgaben in die Schule gehen, die nichtsahnend die Tasche öffnet und etliche Male ohne Hausaufgaben dasteht. Sie wird von Lehrern als Lügnerin betitelt und erst ein halbes Jahr später rehabilitiert, als die aggressiven und destruktiven Verhaltensweisen des Bruders ans Tageslicht kommen. Jetzt wird natürlich der Bruder für *alle* Schandtaten verantwortlich gemacht. Diese Ungerechtigkeit bringt ihn dermaßen in Wut, daß er zu Weihnachten kurzerhand die Wohnung mit Kerzen am Weihnachtsbaum in Brand steckt. Der Junge will sich mit einem »Unfall« herausreden. Die Recherchen ergeben aber eindeutig, daß er die Rache geplant hat. Die Schulleitung will ihn auf eine Sonderschule abschieben, weil er Klassenkameraden ohne erkennbare Gründe zusammenschlägt. Im Unterricht verhält er sich zumeist passiv-destruktiv, macht keine Hausaufgaben, gibt keine Antworten, wenn er gefragt wird, und schreibt in einem Klassenaufsatz unter dem Thema »Wer ist mein Nächster – und wie gehe ich mit ihm um?« folgende Sätze, die mir seine Mutter aus der Schule mitbringt: »Mein Allernächster ist meine Schwester. Sie ist eineinhalb Jahre älter als ich. Sie ist ein richtiges Miststück. Auch wenn ich es nicht sagen soll, mir fällt kein besserer Ausdruck ein. Die jüngste Schwester ist auch nicht viel besser. Die bekommt, was sie will, weil sie raffiniert ist. Ich hänge dazwischen und kriege von allen Seiten Prügel. Da soll ich mich anständig verhalten?«

Er wagt es nicht, seine Schwester zusammenzuschlagen, weil er dafür sehr hart bestraft würde. Um so mehr läßt er seine angestauten Aggressionen an anderen aus.

Ich lerne den 13jährigen Jungen kennen, der in die Beratung gebracht wird. Als die Mutter von den Hautabschürfungen und zerrissenen Kleidern berichtet, die er seinem zusammengeschlagenen Klassenkameraden beigebracht hat, liegt ein triumphierendes Lächeln auf seinem Gesicht.

Die Bestätigung und Zuwendung, die ihm positiv von den Eltern versagt wird, beschafft er sich indirekt durch ständige Aggressionshandlungen. Sein Name ist in der Familie, in der Schule und auf der Straße bei den Kindern ein Begriff. Alle müssen sich mit ihm beschäftigen, ob sie wollen oder nicht. Er sorgt schon dafür. Er hat sich auf dem Hintergrund der Vernachlässigung, der Verdächtigung und Mißachtung für einen aggressiven Lebensstil entschieden und glaubt, sich damit Respekt zu verschaffen.

Jähzorn als Aggression – ein Fallbeispiel

Frau S. wendet sich an die Beratungsstelle. Sie hat ein Problem: Ihr Mann sei krankhaft jähzornig. Er habe schon einige Nervenärzte konsultiert und nehme bestimmte Dämpfungsmittel. Der Jähzorn sei aber geblieben und entlüde sich bei geringsten Anlässen.

Ich: »Können Sie mir solche Anlässe näher beschreiben?«

Sie: »Er kommt nach Hause, stellt seine Tasche in die Ecke und greift zur Zeitung. Wir haben drei Kinder. Sie freuen sich – zum Teil – auf den Vater und möchten sich mit ihm beschäftigen. Er donnert dann einmal durch die Wohnung, stößt gräßliche Beschimpfungen aus und vertreibt die drei ins Kinderzimmer. Er hat dann natürlich Ruhe.«

Ich: »Er hat dann natürlich Ruhe. Was wollen Sie damit sagen?«

Sie: »Ich meine, alle halten den Mund. Keiner sagt mehr was, keiner begehrt auf. Jeder in der Familie kneift. Der Kleinste ist davon schon ganz krank geworden. Wenn der Vater nach Hause kommt und schimpft, kriegt der Kleine Fieber oder flieht in sein Kinderzimmer und versteckt sich hinter einem alten Sessel.«

Ich: »Alles hört auf sein Kommando, wenn er jähzornig ist, kann man das sagen?«

Sie: »So wirkt das auf mich. Er erreicht, was er will. Alle tanzen nach seiner Pfeife. Und wenn einer etwas gegen seinen Jähzorn sagt, beruft er sich auf seine Charaktereigenart.«

Ich: »Wie versteht er die denn?«

Sie: »Ganz geschickt versucht er, diesen Punkt zu überspielen. Er geht davon aus, daß jeder Mensch irgendeine Quetschfalte hat, für die er nicht kann, die er hinnehmen muß, wie blonde oder schwarze Haare. Und das Schlimmste, wir sollen uns einfach damit abfinden.«

Ich: »Nach seiner Meinung?«

Sie: »Was glauben Sie, was passiert, wenn einer von uns dagegen rebelliert? Neulich noch habe ich gesagt: ›Hör auf zu schreien! Nimm Rücksicht auf die Kinder!‹ Wir standen in der Küche. Die Kinder waren oben. Da packte ihn die Wut, er wischte einmal mit dem Arm über die Herdplatte und warf alle Töpfe und den Wasserkessel auf die Erde. In Reichweite stand noch ein Glas mit Tomaten-Ketchup, er nahm es und knallte es auf den Boden.«

Ich: »Und Ihre Reaktion?«

Sie: »Ich war still, absolut still. Oder sollte ich mir den Haushalt zerschmettern lassen? Er ist dazu imstande. Anschließend kriege ich dann mein Fett, und zwar vor den Kindern!«

Ich: »Er schimpft von neuem und macht Sie verantwortlich, oder wie sieht das aus?«

Sie: »Wir sitzen alle am Tisch. Es herrscht eine Friedhofsstille. Die Kinder schweigen aus Angst, und ich halte den Mund, um nicht neue Ausbrüche hervorzurufen. Er spricht dann betont leise auf mich ein und macht mich für den Vorfall verantwortlich. Ich hätte ihn provoziert. Also muß ich auch die Folgen tragen. Meine Schwiegermutter ist der gleichen Meinung. Wenn sie mit mir allein ist, redet sie auf mich ein, auf die Krankheit Rücksicht zu nehmen.«

Herr S. kommt 14 Tage später in die Sprechstunde. Er hat erfahren, daß seine Frau die Eheberatung aufgesucht hat. Seine

Frau hat von dem Beratungsgespräch erst zwei Tage später berichtet, um eine günstige familiäre Situation abzuwarten. Der Erfolg ist verblüffend. Herr S. reagiert mit einem Nervenzusammenbruch. Er bleibt im Bett liegen, verweigert die Nahrung und stöhnt in Abständen laut vor sich hin. Der Hausarzt bescheinigt ihm einen Nervenzusammenbruch und empfiehlt absolute Ruhe. Das Stichwort für Herrn S. ist gefallen. Die Familie geht auf leisen Sohlen. Jeder muß jetzt doppelte Rücksicht nehmen.

Wenn wir das jähzornig-aggressive Verhalten untersuchen, ergeben sich für die Analyse und die spätere Bewertung folgende Gesichtspunkte:

(1) Seit seiner frühen Kindheit hat Herr S. ein Verhaltensmuster entwickelt und eine Lebensstiltechnik eintrainiert, die darauf abgestimmt ist, die Umgebung zu majorisieren und zu tyrannisieren. Jähzorn als neurotisches Symptom muß also im Dienste der persönlichen Zielsetzung verstanden werden.

(2) Hinter den Jähzornausbrüchen versteckt sich ein rigoroses Überlegenheitsstreben, das er mit Hilfe dieses Arrangements am effektivsten zu realisieren glaubt. Sein erstes frühkindliches Erlebnis gibt darüber Aufschluß. Er befindet sich mit seiner Mutter im Spielzeuggeschäft. Er will einen Riesen-Teddybär haben. Die Mutter sagt nein, er wirft sich auf den Boden, schreit und schlägt mit den Füßen. Plötzlich hat er den Riesenbär im Arm. Er hat ein stolzes Gefühl, sich gegen die »überstarke Mutter« (wie er sie sieht) durchgesetzt zu haben.

(3) Jähzorn als »Quetschfalte« und krankhafte Anlage ist Herrn S. ein willkommener Anlaß, sein unsoziales und tyrannisches Verhalten zu entschuldigen. Der allgemeine Krankheitshintergrund des Jähzorns erlaubt es ihm, notfalls extreme Aggressionen geschickt plaziert heraufzubeschwören. Er findet in der näheren und weiteren Umgebung auch immer wieder Verfechter dieser unsinnigen Theorie. Selbst die Erfolglosigkeit der Nervenärzte muß für den anlagebedingten aggressiven Jähzorn herhalten.

(4) Indem Herr S. den Jähzorn als Krankheit versteht, macht er die Familie und seine nächste Umgebung machtlos. Dieser Kunstgriff erlaubt es ihm, sich jeweils ohne Verantwortung aus der Affäre zu ziehen.

(5) Wenn Herr S. seinen Jähzorn bei Diskussionen, im Meinungsaustausch und zur Problemlösung in der Familie einsetzt, entscheidet nicht mehr der gesunde Menschenverstand oder das bessere Argument, sondern ein autoritäres Machtinstrument, das eine partnerschaftliche Kommunikation unmöglich macht.

(6) Wenn er im Jähzorn aggressiv-handgreiflich wird, entladen sich nicht angestaute, triebhafte Energien, sondern er verfolgt mit seinem Verhalten einen Plan. Zerschlagenes Porzellan ist eine eindrückliche Demonstration, den Willen lautstark und knallhart durchzusetzen. Der zerstörerische Jähzornausbruch ist immer eine Bewegung gegen den anderen. Er soll eine Niederlage für den anderen beinhalten und dem Aggressiven ein Gefühl der Erhöhung vermitteln.

(7) Dramatisierte anderweitige Krankheiten können unterstützend und verstärkend für das abnorme Bedürfnis des Machtstrebens mit eingesetzt werden. Manès Sperber spricht in diesem Zusammenhang von einer totalitären Aggressivität als einer Kompensationsform der aggressiven Angst. Herr S. reagiert schon als Kind mit Nachtangst, mit Pavor nocturnus, um die Mutter zum Sklaven zu machen, selbst aber das Opfer zu sein.

(8) Mit dem aggressiven Jähzorn geht eine ständige Entwertungstendenz einher. Und da zeigt sich der unsoziale, gemeinschaftsfeindliche Charakter der Aggression. Wer größenwahnsinnige Züge trägt, muß den anderen ständig abwerten. Seine chronische Unduldsamkeit ist ein ständiger Vorwurf und Angriff gegen den Partner, gegen die Gemeinschaft. Die Entwertung ist somit eine offene Aggression und dient der Sicherung des eigenen Persönlichkeitsgefühls.

Der Sinn der Beratung muß sein, diese falschen Ziele des Herrn S. im partnerschaftlichen Gespräch aufzudecken, wobei der Klient möglichst selbst sein gemeinschaftsfeindliches Verhalten und seine zweideutigen Arrangements erkennen sollte.

In der Beratung, in der Familie und später draußen im Leben muß der Klient *erleben,* daß er ohne diese Verhaltensweisen und Techniken existieren kann. Er wird ungezählte Rückfälle haben. Sie müssen in den Beratungs- und Einübungsprozeß eingebaut werden; neue, unneurotische und gemeinschaftsfreundliche Verhaltensweisen werden gesucht und angestrebt. Im vorgestellten Fall ist die Einrichtung eines ständigen Familienrates eine wesentliche Hilfe bei der Lösung der aggressiv-jähzornigen Verhaltensweise des Herrn S.

Einmal in der Woche sitzt die Familie – ohne das jüngste Kind – zusammen, um alle anfallenden Probleme ohne Tyrannei, Jähzornausbrüche und einseitige Manipulationen zu besprechen. Herr S. macht die Erfahrung, daß er wesentliche Positionen – Jähzorn als Krankheit, Jähzorn als Einschüchterung und autoritäre Methode, um seinen Willen durchzusetzen – preisgeben kann, ohne an natürlicher Autorität und Achtung zu verlieren.

Jähzorn – wenn Bernd einen »Rappel« kriegt

Der fünfjährige Bernd spielt intensiv mit Bauklötzen. Sein Freund im Kindergarten hat erzählt, daß er 42 Steine aufeinanderschichten kann, ohne daß der Turm umfällt. Bernd will das auch schaffen. Von seinen Geschwistern hat er sich Bausteine ausgeliehen. Die Nachbarin hat ihm ebenfalls vom Sohn Steine ausgeborgt. Bernd sieht nichts anderes als diesen Turm. Will er seinen Freund übertrumpfen? Wenn er fast dreißig Steine aufeinandergeschichtet hat, fällt der Turm zusammen. Er versucht es über eine Stunde lang, den Erfolg des Spielkameraden kann er nicht nachmachen.

Dann entsteht im Kinderzimmer ein furchtbarer Krach. Bauklötze fliegen gegen die Wand. Das Kind tobt und schreit: »Diese Sch...steine!« Mit beiden Füßen stößt er abwechselnd die bunten Klötze durchs Kinderzimmer. Der Junge ist rasend vor Zorn. Die Fäuste sind geballt. Sein Gesicht ist wutverzerrt. Die Mutter stürzt erschrocken ins Zimmer und schlägt auf den Jungen ein: »Bist du verrückt geworden? Kannst du nicht ruhig spielen? Mußt du so rumtoben?« Der Junge flüchtet auf die Toilette. Die Mutter folgt ihm, aber die Tür ist versperrt. Der Junge kann sich immer noch nicht beruhigen. Als er nach zehn Minuten herauskommt, hat er sich die Arme mit den Zähnen aufgebissen. Die Mutter ist hilflos. Sie sucht später eine Beratungsstelle auf, weil sie glaubt, ihr Kind sei krank.

Was macht diese Szene deutlich?

1. Trotz kann ein phasentypisches Verhalten sein

Trotz gehört zum Leben eines kleinen Kindes dazu. Es wächst ins Leben hinein, will sich entfalten, sich kennenlernen und seine Grenzen erfahren. Es will seinen Willen ausprobieren, seinen Kopf durchsetzen, seine Macht auskosten und Eltern und Geschwistern Niederlagen beibringen. Auf diesem Wege erlebt es Widerstände. Schwache und starke Erwachsene stellen sich ihm in den Weg. Es lernt Verhaltensmuster, wie es sich erfolgreich verteidigen oder zur Wehr setzen kann. Das Kind macht Erfahrungen mit Trotz, mit Rebellion, mit positiven und destruktiven Umgangsmustern. Hat es Erfolg, d. h. die Eltern oder ein Elternteil wird schwach, dann werden Trotz und Aggression zu beliebten Verhaltensstrategien.

2. Jähzorn wird im Gehirn verstärkt

Amerikanische Wissenschaftler vom National Institute of Mental Health gehen davon aus, daß die als jähzornig bekannten Menschen in ihrem Gehirn eine Art »Verstärker« haben, der unsere Hauptempfindungen wie Trauer, Freude oder Zorn intensiviert. Daneben gibt es auch Menschen, die einen »Abschwächer« im Gehirn tragen. Dieser reduziert die Gefühle und Empfindungen. Man hat festgestellt, daß bei Menschen über 40 Jahren der Abschwächer-Faktor zunimmt und bei Kindern unter zehn Jahren der Verstärker-Faktor im

Gehirn das Gefühlsleben bestimmt. Schmerzen, Wut und Aggression werden intensiver erlebt.

3. Jähzorn ist ein zielgerichtetes Verhaltensmuster

Das macht die Geschichte von Bernd deutlich. Der kleine Junge vergleicht sich mit seinem Spielkameraden. Ob dessen Erzählung wirklich der Wahrheit entspricht, ist nebensächlich. Bernd will mit seinem Kameraden mithalten. Er leiht sich viele Steine, zieht sich in sein Spielzimmer zurück und baut hingebungsvoll Türme. Er will es seinem Spielkameraden gleichtun, will ihn eigentlich übertrumpfen. Immer wieder fällt der Turm in sich zusammen. Es gelingt ihm nicht, mehr als dreißig Steine aufeinanderzuschichten. Dann platzt ihm der Kragen; er kriegt einen Tobsuchtsanfall; ihn packt ein schmerzlicher »Koller«. Er schlägt blindwütig alles zusammen. Was kann Bernd mit seinen Jähzornausbrüchen ausdrücken?

– Er hat eine unglaubliche Wut auf sich, daß er es nicht schafft, den Spielkameraden zu übertrumpfen. Kann es sein, daß in seiner Familie durch Eltern und Geschwister der Ehrgeiz und das Konkurrenzstreben sehr groß geschrieben werden?

– Hat der Junge das Gefühl: »Ich muß der Beste sein? Ich muß anderen Kindern den Rang ablaufen?« Wird dieses Gefühl von Eltern, Erziehern und Großeltern unterstützt?

– Spiegelt der Junge ein Alles-oder-nichts-Denken wider? Entweder ich erreiche die Spitze (in unserem Beispiel im wahrsten Sinne des Wortes), oder ich schlage alles kaputt?

Erst wenn die verdeckten Motive erhellt sind, kann eine wirkliche Hilfe erfolgen.

4. Wie können wir dem Jähzorn erzieherisch begegnen?

Es ist wichtig, die Motive des Jähzorns und der Aggression zu begreifen, um erzieherisch effektiv zu intervenieren.

Folgende Fragen können hilfreich sein:

- Wann wird unser Kind jähzornig? Was spielt es? Was will es erreichen?
- Womit ist es unzufrieden? Was löst den Jähzorn aus? Hat es ein gestelltes Zielt nicht erreicht?
- Ist es auf sich zornig? Beschimpft es sich selbst? Macht es sich selbst oder die Steine, die Umstände, die Eltern oder andere Einflüsse verantwortlich?
- Was geschieht nach dem Jähzornsanfall? Wird das Kind depressiv? Reagiert es antriebslos? Fällt es in Resignation? Oder beginnt es nach einiger Zeit mutig wieder mit seinem Spiel?
- Was sagen die Erzieher? Klagen sie das Kind an? Oder verstehen sie es, das Kind zu ermutigen?

Das enttäuschte und frustrierte Kind zu bestrafen ist eine völlig unangemessene Erziehungsmaßnahme. Das Kind fühlt sich doppelt bestraft. Wir verstärken womöglich seine depressiven Reaktionen.

Wir sollten das Kind auch nicht als »böse« hinstellen. »Du bist ein schrecklich böses Kind!« Der Vorwurf belastet und hilft weder dem Kind noch den Eltern.

Das Kind zieht sich verbittert zurück, ist mit seiner Not allein. Im Beispiel hätte die Mutter Bernd in den Arm nehmen können und sagen: »Ich glaube, du bist sehr unglücklich. Möchtest du mir erzählen, was passiert ist?«

In der Regel fühlt sich das Kind dann ernst genommen und verstanden. Gleichzeitig erfährt der Erzieher etwas über die unverstandenen Motive des Kindes. Denn *den* Jähzorn gibt es nicht, sondern nur verschiedene Ausdrucksmöglichkeiten, hinter denen sich in der Regel unverstandene Ziele verbergen.

Aggression und Fehlziele bei Kindern und Erwachsenen

Der Psychiater und Therapeut Rudolf Dreikurs hat vor Jahren mit seinen Mitarbeitern ein Konzept entwickelt, um aggressive Verhaltensmuster bei Kindern und Erwachsenen zu verstehen und abzubauen. Es ist ihm gelungen, die unzähligen kritischen und destruktiven Umgangsformen in »vier irrige Ziele« beziehungsweise in »vier Fehlziele« einzugruppieren. Kinder und Erwachsene sind überzeugt, daß sie sich mit diesen Verhaltensmustern am besten im Leben behaupten können. Durch alle Muster schimmern die Motivationen des Menschen hindurch.

- Was will er erreichen?
- Welche Ziele verfolgt der Mensch mit seinen Umgangsmustern?
- Welche Zwecke schweben ihm vor?
- Was will er seiner Umgebung signalisieren?

Fehlziel Nr. 1: Entschuldigung für eigene Mängel
Kinder ab ca. 11 Jahren und Erwachsene benutzen dieses Fehlverhalten häufig. Wie sehen die Verhaltensmuster aus?
- Kinder und Erwachsene reden sich heraus; sie halten ihren Kopf nicht hin.
- Kinder und Erwachsene schieben die Schuld auf andere.
- Kinder und Erwachsene halten sich für dumm, für klein, für ungeschickt, für unerfahren, hilflos usw.
- Kinder und Erwachsene ziehen sich aus der Affäre, suchen und finden Alibis.
- Kinder und Erwachsene wollen mit einer reinen Weste dastehen.
- Kinder und Erwachsene tragen keine Verantwortung.

Fehlziel Nr. 2: Kinder und Erwachsene wollen überhöhte Aufmerksamkeit
Kinder und Erwachsene versuchen, in der Familie, in der Ehe, in der Gemeinde, in der Schule und am Arbeitsplatz überhöhte Aufmerksamkeit zu erlangen.
- Kinder stellen dumme Fragen.
- Kinder spielen Clown in der Klasse.
- Kinder reden dazwischen.
- Kinder beschäftigen Erzieher und Erwachsene.

- Kinder stören, werden lästig, machen die Erzieher ärgerlich.
- Kinder und Erwachsene produzieren Krankheiten und stehen damit im Mittelpunkt.
- Erwachsene kommen zu spät, trödeln.
- Erwachsene halten Versprechungen nicht ein.
- Erwachsene reden sich heraus.
- Erwachsene lügen usw.

Alle Verhaltensmuster, die überhöhte Aufmerksamkeit beanspruchen, die ärgerlich machen und Abwehr und Ablehnung hervorrufen, gehören in diese Kategorie.

Fehlziel Nr. 3: Streben nach Überlegenheit und Macht
Aggressivität hat in der Regel etwas mit Macht zu tun. Jemand will
... herrschen,
... will sich durchsetzen,
... will die anderen tyrannisieren,
... will das letzte Wort behalten,
... will durch Kritik, durch Nörgeln, durch Jähzorn und Wutausbrüche die Oberhand gewinnen.

Verhaltensmuster sind:
- Kinder und Erwachsene machen, was sie wollen.
- Kinder und Erwachsene setzen sich besserwisserisch durch.
- Kinder und Erwachsene benutzen Krankheiten. Sie machen das Gegenüber machtlos.
- Kinder und Erwachsene benutzen Erpressungen und Drohungen.
- Kinder und Erwachsene blamieren die Angehörigen.
- Kinder und Erwachsene bestrafen die Angehörigen durch Schweigen.
- Erwachsene prügeln, bestrafen und praktizieren Liebesentzug.

»Schreit einander nicht an. Legt jede feindselige Gesinnung ab« (Eph. 4,31).

Fehlziel Nr. 4: Streben nach Rache und Vergeltung

Es ist das gefährlichste Fehlziel. Wut und Aggression haben eine enorme Steigerung erfahren. Der Kampf läuft versteckter und hinterhältiger ab. Die aggressiven Methoden sind häufig nicht auf Anhieb zu erkennen. Wut und Zorn werden nicht offen zur Schau gestellt.

Was tun Kinder und Erwachsene?

- Extreme Faulheit kann ein Racheakt sein.
- Kinder zerstören Lieblingsgegenstände von Geschwistern oder Eltern.
- Erwachsene lassen teure Gegenstände fallen und zahlen Angehörigen ihre Wut heim.
- Kinder und Erwachsene drohen mit Selbstmord. Sie erzählen es in der Nachbarschaft und in der Gemeinde, um die Angehörigen ins Unrecht zu setzen.
- Kinder und Erwachsene nehmen Drogen und rächen sich auf diese Weise an Eltern, Erziehern und Partnern.
- Kinder und Erwachsene lassen Menschen, die sie hassen, ins Messer laufen und verhindern schwere Schäden nicht. Kinder und Erwachsene werden krank und bestrafen auf diese Weise ihre Umgebung.
- Kinder und Jugendliche laufen weg. Sie rächen sich, weil sie sich vernachlässigt und ungeliebt fühlen.
- Erwachsene bestrafen sich durch sexuelle Verweigerung.
- Erwachsene gehen fremd und zahlen dem Partner bestimmte Vergehen heim.

Woran erkennen Sie, um welches Fehlziel es sich handelt?

Wer sich als Erzieher oder Seelsorger fragt, welches Fehlziel von Kindern oder Erwachsenen angesteuert wird, kann an seinen eigenen Reaktionen die Stärke der Fehlhaltung erkennen.

Reaktion bei Fehlziel Nr. 1:

- Der Erwachsene fühlt sich genarrt.

- Das Gegenüber fühlt sich betrogen und hinters Licht geführt.
- Partner und Eltern sind sauer, daß man sie austrickst.
- Der Leidtragende hat das Gefühl, reingelegt worden zu sein.

Reaktion bei Fehlziel Nr. 2:
- Der Erzieher ärgert sich. Eltern oder Lehrer fühlen sich belästigt. Angehörige erleben, daß sie sehr in Anspruch genommen werden.
- Sie denken: Du stiehlst mir meine Zeit. Du läßt mir keine Ruhe! Dein Verhalten ist mehr als störend!

Reaktion auf Fehlziel Nr. 3:
- Eltern und Erzieher fühlen sich machtlos. Sie fühlen sich unterlegen.
- Sie denken: Du wirst mit dem Kind nicht mehr fertig! Das Kind wächst uns über den Kopf! Das Kind macht uns fertig!
- Gegenüber dem Erwachsenen denkt der Partner: Ich bin ihm nicht gewachsen! Er macht mich fertig! Mir gelingt es nicht, gegen ihn anzukommen!

Reaktion auf Fehlziel Nr. 4:
- Eltern und Erzieher sind mit ihrem Latein am Ende. Sie geben sich geschlagen.
- Eltern und Erzieher geben auf. Sie kapitulieren.
- In der Partnerbeziehung: völlige Resignation. Hoffnungslosigkeit bestimmt das Zusammenleben.

Hilfen für den konstruktiven Umgang

Wie können Eltern und Erzieher, aber auch Erwachsene unter sich auf diese Fehlziele reagieren? Welche diagnostischen Fragen können die Fehlziele offenlegen? Zunächst einmal gilt:

– Lassen Sie sich nicht provozieren und geraten Sie nicht in einen Machtkampf hinein! Wer kämpft, verliert. Wer kämpft, will siegen. Es gibt also Sieger und Verlierer. Die Verlierer organisieren einen neuen Kampf; der Streit hat kein Ende.
– Lassen Sie sich keine Schuldgefühle machen! Mit Schuldgefühlen werden Sie in die Knie gezwungen. Die gute Mutter entschuldigt ihre Inkonsequenz mit Liebe. Die gute Mutter gibt nach und reagiert mit Schuldgefühlen. Die gute Mutter gibt öfter nach, um nicht hart zu erscheinen. Mit Schuldgefühlen können Sie erpreßt werden.
– Setzen Sie nicht ihren Kopf durch! Die Gleichwertigkeit ist gestört. Offenheit und Ehrlichkeit leiden. Partner oder Kinder werden gezwungen, mit destruktiven Mitteln darauf zu reagieren. Der partnerschaftliche Austausch ist gefährdet.
– Bedenken Sie, daß die vier Fehlziele Steigerungen aggressiven Verhaltens beinhalten! Die Fehlziele 1 und 2 sind noch relativ harmlos. In den Fehlzielen 3 und 4 kommt die Aggression unverhohlen zum Ausdruck. Machtkampf und Rache sind die Folgen, wenn wir bei den Fehlzielen 1 und 2 versagt haben.
– Die vier Fehlziele sind ungeistliche Fehlhaltungen und Sünden. Sie erschweren das Zusammenleben. Sie gefährden die Harmonie. Sie können auch die Glaubensbeziehungen untergraben.

Hilfreiche diagnostische Fragen

Fragen, die keinen aggressiven Ton beinhalten, klären. Sie greifen nicht an. Fragen sind keine Behauptungen:
»Du bist unmöglich!«
»Mir dir ist das Zusammenleben eine Katastrophe!«
»Mach weiter so, dann geben wir dich in ein Erziehungsheim!«
»Wenn du mich weiter links liegenläßt, lasse ich mich scheiden!«

Versuchen wir einmal, diese Behauptungen in Fragen umzumünzen:

»Mit deinem Verhalten habe ich große Schwierigkeiten. Möchtest du mir erzählen, was in dir ist, damit ich dich verstehe?«

»Unser Zusammenleben wird schier unmöglich. Was machen wir beide falsch? Können wir darüber reden?«

»Ich will als Vater raus aus dem Machtkampf mit dir. Was belastet dich am meisten? Was können wir beide tun, um darauszukommen?«

»Ich fühle mich links liegengelassen. Was mache ich falsch, daß ich den Zustand noch ertragen kann? Welche Alternativen können wir beide anstreben?«

Solche oder ähnliche Fragen beenden den Kampf. Sie klingen versöhnlich. Anklagen und Vorwürfe verstummen.

Diagnostische Fragen zu Fehlziel Nr. 1:
Entschuldigung für eigene Mängel

Wenn Erzieher, Eltern oder Partner festgestellt haben, es handelt sich um Fehlziel Nr. 1, können Fragen klären, was der Betroffene mit seinem Verhalten bezwecken will. Wichtig ist:

– Die Frage ist partnerschaftlich gestellt.
– Der Fragesteller will nicht entblößen, sondern sein Gegenüber verstehen.
– Auch der Seelsorger kann ähnliche Fragen benutzen.
– »Kann es sein, daß die Begründung, die du gegeben hast, für dich ein Alibi enthält?«
– »Ist es möglich, daß du dich verteidigst, um dein Gesicht zu wahren?«
– »Ich habe das Gefühl, du möchtest dich schützen. Kann das sein?«
– »Mir kommt es so vor, daß du das sagst, um nicht bloßgestellt zu werden.«
– »Kann es sein, daß du mit zwei linken Händen hoffst, daß andere deine Arbeit machen?«

Wenn wir nicht angriffslustig fragen,

– geben Kinder, Jugendliche, aber auch Erwachsene in einem
»Erkennungsreflex« zu verstehen, daß der Fragende ins
Schwarze getroffen hat.
– ist es hilfreich, das Eingeständnis als Grundlage zu benutzen, um über Alternativlösungen nachzudenken.

Diagnostische Fragen zu Fehlziel Nr. 2:
Streben nach überhöhter Aufmerksamkeit
– »Du möchtest gern mehr beachtet werden?«
– »Hast du den Eindruck, daß deine Geschwister mehr im
Mittelpunkt stehen als du?«
– »Legen Sie Wert darauf, daß sich andere Menschen mehr um
Sie kümmern?«
– »Glauben Sie, daß Sie mit Ihrer Vermittlung den Betroffe-
nen ein gutes Werk tun?«
– »Hast du den Eindruck, daß man sich dir zuwenig zuwen-
det?«
– »Gibt es das auch, daß Menschen negativ auf Ihr Verhalten
reagieren? Wie erleben Sie das?«
– »Wenn du deine Geschwister unterbrichst, hast du den Ein-
druck, daß du zu kurz kommst?«
– »Die Lehrer sagen, daß du den Klassenclown spielst. Was
meinst du selbst, warum du das tust?«

Diagnostische Fragen zu Fehlziel Nr. 3:
Streben nach Überlegenheit und Macht
Bei diesem Fehlziel hat die Aggressivität einen hohen Stellenwert. Die Spannung zwischen Eltern und Kindern und die Auseinandersetzung zwischen Erwachsenen ist erheblich.

Die Gefahr, daß Gespräche zu Kampfgesprächen werden,
ist groß. Eltern, Erzieher und Partner, die ernsthaft eine Korrektur ihrer Einstellung anstreben, müssen mit Enttäuschungen
rechnen. Verletzungen und Kränkungen sitzen in der Regel
tief.
– »Wir kämpfen beide miteinander. Mir kommt es so vor, daß
wir beide bestimmen wollen. Wie siehst du das?«

- »Michael, können wir nicht das Kämpfen unterlassen? Mir macht es zunehmend Probleme. Was schlägst du vor, wie wir in Zukunft miteinander zurechtkommen?«
- »Kann es sein, daß du dich auf Biegen und Brechen durchsetzen willst?«
- »Mir kommt es so vor, daß ich mich in der Ehe bedingungslos unterordnen muß?«
- »Kannst du verstehen, daß ich unter mangelnder Gleichwertigkeit in der Ehe leide?«
- »Entspricht es der Wirklichkeit, daß wir beide in der Ehe bestimmen wollen? Wie können wir einen gangbaren Kompromiß finden?«

Diagnostische Fragen zu Fehlziel Nr. 4:
Streben nach Rache und Vergeltung
Die Aggression hat ihren Höhepunkt erreicht. Rache und Vergeltung sind extrem unpartnerschaftliche und ungeistliche Muster. Nur schwer können sich Eltern, Erzieher und Partner in Ehen und am Arbeitsplatz ohne fremde Hilfe daraus befreien.

Die Verbitterung sitzt zu tief. Die Verletzungen haben ein Höchstmaß erreicht. Nur wer völlig auf Kampf und Streit verzichtet, hat ein Chance, die Beziehung zu verändern. Beide müssen ihre Hilflosigkeit eingestehen. Beide müssen bedingungslos bereit sein, einen konstruktiven Neuanfang zu wagen.
Sind beide bereit, damit aufzuhören,
- den Partner zu entblößen, zu blamieren;
- fremdzugehen;
- sich sexuell zu verweigern;
- mit Alkohol und Drogen den Partner zu bestrafen;
- durch Selbstmorddrohungen den anderen zu erpressen?
- »Ich bin am Ende. Was können wir beide tun, um da rauszukommen?«
- »Womit habe ich dich nur provoziert, daß du so unerbittlich zugeschlagen hast?«

– »Was haben wir beide angestellt, daß wir in dieses Dilemma geraten sind?«
– »Ich bin tief unglücklich. Was können wir beide unternehmen, daß wir aus dem Loch herauskommen?«
– »Ich vermute, daß es dich befriedigt, daß du die Eltern völlig entmachtet hast, oder?«
– »Kannst du dir vorstellen, noch einmal einen Versuch zu starten, aus dieser Misere herauszukommen?«

Seelsorgerliche Fragen in der Beratung:
– »Kann es sein, daß Sie Ihrem Partner eins auswischen wollten?«
– »Möchten Sie Ihren Partner verletzen?«
– »Glauben Sie, daß Sie sich für das Verhalten Ihres Partners rächen müssen?«
– »Haben Sie den Eindruck, daß es Sie befriedigt, wenn Sie dem anderen etwas heimgezahlt haben?«
– »Können Sie sich vorstellen, daß Ihre Krankheit eine Antwort auf das Verhalten Ihres Partners ist?«
– »Mir scheint, daß es für Sie keinen anderen Ausweg gab, als so zu handeln.«

– Lassen Sie sich als Eltern, als Erzieher und als Partner nicht hinreißen, auf provozierende Antworten wieder mit Schärfe, Unmut und Ärger zu reagieren! Der Kampf geht sonst weiter.
– Lassen Sie sich als Seelsorger auch nicht in einen Widerstand verwickeln! Es kann sehr gut sein, daß Kinder, Jugendliche oder Erwachsene auf Sie Wut, Zorn und Aggression übertragen, die eigentlich den Eltern, dem Partner oder dem Lehrer gilt.

»Ihr wißt, daß es heißt: ›Auge um Auge, Zahn um Zahn.‹ Ich aber sage euch: Ihr sollt euch überhaupt nicht gegen das Böse wehren« (Matth. 5,38 – 39).

Aggression und Strafen

Es ist eine Tatsache, daß ca. 85% bis 90% der Eltern und Erzieher ihre Kinder strafen. Die häufigen Strafakte zeigen auch, daß Belohnungen offensichtlich nicht gefruchtet haben. Strafen beinhalten:

– Kinder im Zimmer einsperren,
– Kinder ohne Essen ins Bett schicken,
– Kinder bekommen Hausarrest,
– Kinder müssen mehr arbeiten,
– Kindern wird ihr Lieblingsspielzeug weggenommen,
– Kinder werden spöttisch beschimpft,
– Kinder werden vor anderen gedemütigt,
– Kinder werden geschlagen, geprügelt, geohrfeigt und handgreiflich behandelt.

Thomas Gordon, der mit seinen Büchern in Deutschland sehr bekannt wurde, schreibt: »Wie Strafen Aggression und Gewalt hervorrufen: In direktem Gegensatz zu der altbekannten Annahme des ›gesunden Menschenverstandes‹, daß Strafen aggressives Verhalten von Kindern verhindern, deuten alle Beweise darauf hin, daß hartes, strenges, auf Macht pochendes Strafen tatsächlich Aggressionen bei Kindern hervorruft.

Und das geschieht so: Wenn man ein Kind straft, verweigert man ihm irgendwie Bedürfnisse, die es hat. Wenn Bedürfnisse bei Kindern (aber auch bei Erwachsenen) nicht befriedigt werden, fühlen sie sich frustriert – und eine verbreitete Reaktion auf Frustration ist Aggression. (...)

Familien, in denen die Eltern oft strafen, erzeugen hyperaggressive, hyperaktive Kinder. Strafen verhindern eindeutig kein aggressives Verhalten bei Kinder, sie fördern es vielmehr.«[47]

– Aggressives Verhalten zieht wiederum eine Strafe nach sich. Diese provoziert neues aggressives Verhalten.
– Aggressives Verhalten wird gelernt. Kinder haben ihre Eltern beobachtet und setzen ihre Tradition fort.

- Körperliche Strafen regen Kinder an, selbst Gewalt innerhalb und außerhalb der Familie anzuwenden.
- Kinder und Jugendliche, die selbst geschlagen wurden, wenden später in ihren Ehen mit vierfach höherer Wahrscheinlichkeit wiederum Gewalt an, als Kinder von Eltern, die in ihrer Erziehung keine Gewaltmaßnahmen praktizieren.
- Ehemänner, die zu Hause als Kind schwere Gewalt erlebten, weisen eine 600fach größere Wahrscheinlichkeit auf, ihre Ehefrau zu verprügeln, als Ehemänner aus nichtgewalttätigen Familien.
- Mehr als einer von vier Eltern aus einem gewalttätigen Haushalt verhielt sich so gewaltsam, daß er beim eigenen Kind schwere Verletzungen riskierte.

Eine erschreckende Bilanz.

Wie begründen Eltern ihre Strafen?

Eltern wollen bestimmen; Eltern wollen sich nicht alles gefallen lassen; Eltern wollen das letzte Wort behalten. Was sagen sie?
- »Wir wollen dem Kind einen Denkzettel verpassen!«
- »Der Bursche kann doch nicht machen, was er will!«
- »Ohne Strafe gehorcht das Kind einfach nicht.«
- »Meine Eltern haben mich auch oft versohlt. Das hat mir nicht geschadet.«
- »Die Kinder dürfen uns doch nicht auf der Nase herumtanzen!«
- »Wir sind Christen, die Bibel spricht doch überall von Strafe und Züchtigung.«

Und wie lauten die Bibelstellen?

»Ein weiser Sohn läßt sich vom Vater züchtigen; aber ein Spötter hört selbst auf Drohen nicht« (Sprüche 13,1).

Dieselbe Stelle lautet in der Übersetzung der »Guten Nachricht«:

»Ein verständiger Sohn hört darauf, wenn sein Vater ihn zurechtweist; aber ein Taugenichts überhört jeden Tadel.«

»Denn welchen der Herr liebhat, den züchtigt er, und er straft einen jeglichen Sohn, den er aufnimmt« (Hebr. 12,6).

»Denn wen der Herr liebt, den erzieht er mit Strenge; und wen er als seinen Sohn annimmt, dem gibt er auch Schläge« (Hebr. 12,6; Gute Nachricht).

»Wer seine Rute schont, der haßt seinen Sohn; wer ihn aber lieb hat, der züchtigt ihn beizeiten« (Sprüche 13,24).

Die Bibel spricht zweifelsfrei von körperlichen Strafen. Wer die Bibel ernst nimmt, kann diese Aussagen nicht überlesen und umdeuten.

Folgende Regeln sind aber hilfreich, um körperliche Strafen und Züchtigungen im allgemeinen nicht falsch zu verstehen:

1. Strafen Sie nicht in unbeherrschtem Zorn!
Wer draufschlägt, ohne Beherrschung und in ohnmächtiger Wut, versündigt sich an seinen Kindern. Wut ist ein schlechter Ratgeber.

2. Bestrafen Sie nicht jede Nichtigkeit!
Viele Eltern, Mütter oder Väter, sind hilflose Erzieher. Sie können sich nicht durchsetzen und prügeln bei Kleinigkeiten drauflos. Sie haben den Respekt vor ihren Kindern verloren. Die Kinder haben den Respekt vor ihren Eltern verloren.

3. Die Strafe muß bei Kleinigkeiten sofort erfolgen!
Das Kleinkind lebt im Augenblick. Darum geht ihm der Zusammenhang zwischen Fehlverhalten und Strafe verloren. Wird die Strafe verschoben, bis der Vater nach Hause kommt, gerät das Kind in eine Angstbindung.

4. Jede angekündigte Strafe muß durchgeführt werden!
Weil Eltern oft hilflos sind und sich nachgiebig verhalten haben, schreien sie in ohnmächtiger Wut Strafen heraus, die sie

nie durchführen können. Diese Strafandrohungen sind witzlos und reizen die Kinder, ihre Eltern nicht ernst zu nehmen.

5. Mit der Strafe muß das Vergehen beendet sein!

Nichts ist schlimmer als das Nachtragen ehemaliger Verfehlungen. »Wer liebt, ist nicht taktlos, selbstsüchtig und reizbar. Er trägt keinem etwas nach« (1. Kor. 13,5).

6. Strafen, die das Kind körperlich verletzen, sind unverantwortlich!

Ohrfeigen, Schläge ins Gesicht und blaue Flecken sowie Blutergüsse und andere körperliche Verletzungen haben mit »Strafen aus Liebe« nichts zu tun.

7. Strafen, die Macht demonstrieren, sind ungeistlich!

Machtausübung ist eine autoritäre Methode. Die Bibel gibt klare Anweisungen an Eltern und Erzieher: »Ihr Kinder, gehorcht euren Eltern und bezeugt dadurch eure Unterordnung unter den Herrn. (...) Ihr Eltern, behandelt eure Kinder nicht so, daß sie widerspenstig werden! Erzieht sie mit Wort und Tat nach den Maßstäben, die der Herr gesetzt hat« (Eph. 6,1. 4). Macht hat Jesus grundsätzlich abgelehnt. Sie ist ein prinzipieller Widerspruch zum christlichen Leben.

8. Strafen Sie nicht in Gegenwart anderer Kinder!

Ernste Strafen, die das Kind in Gegenwart anderer erfährt, beschämen und demütigen. Der Erfolg ist häufig, daß das Kind rachsüchtig und aggressiv wird.

9. Zu häufige und zu strenge Strafen bewirken, daß das Kind sich entzieht!

Psychologen haben mit Ratten gearbeitet. Sie sollten durch komplizierte Labyrinthe hindurchfinden und bekamen am Ausgang Futter zur Belohnung. Dann versuchten die Psychologen die Lernzeit der Ratten zu verkürzen, indem sie schon am Anfang elektrische Gitter einbauten. Der Erfolg war, daß die Ratten ihre Versuche aufgaben und zwischen den Hindernissen liegenblieben.

Mit Kindern ist es ähnlich, auch wenn der Vergleich mit Ratten unstatthaft ist. Erfahren Kinder zu häufig Strafen und Züchtigungen, entziehen sie sich.

Die Folgen?

– Sie laufen von zu Hause weg.
– Sie brechen die Schule ab.
– Sie flüchten in Faulheit und Desinteresse.
– Sie flüchten in Alkohol und Drogen.

Aggressive Reaktionen auf Macht und Herrschaft der Eltern

Thomas Gordon hat 24 Verhaltensmuster zusammengetragen, die Kinder anwenden,

– wenn Eltern Macht ausüben,
– wenn Eltern häufig strafen,
– wenn Eltern rigoros Kontrolle ausüben,
– wenn Eltern machtbesessen Disziplin fordern,
– wenn Kinder sich widerspruchslos fügen sollen.

1. Widerstand, Trotz, Negativismus
2. Rebellieren, Ungehorsam, sich widersetzen, frech sein
3. Vergelten, zurückschlagen, angreifen, zerstören
4. Schlagen, sich kämpferisch verhalten, angreifen
5. Regeln und Gesetze brechen
6. Wutausbrüche bekommen, wütend werden
7. Lügen, täuschen, die Wahrheit vermeiden
8. Andere beschuldigen, petzen
9. Andere tyrannisieren und herumkommandieren
10. Sich zusammenrotten, sich verbünden, sich gegen einen Erwachsenen organisieren
11. Speichelleckerei, Beschönigung, Verniedlichung, Einschmeicheln bei Erwachsenen

12. Rückzug, Phantasien, Tagträume
13. Rivalität, siegen müssen, nicht verlieren können, hervorstechen müssen, andere herabsetzen
14. Aufgeben, sich besiegt fühlen, faulenzen, trödeln
15. Weggehen, flüchten, von zu Hause fortbleiben, weglaufen, die Schule abbrechen, Stunden schwänzen
16. Nicht reden, ignorieren, schweigen, den Erwachsenen abschrecken, Distanz halten
17. Weinen, schreien, deprimiert oder hoffnungslos sein
18. Ängstlich, schüchtern, furchtsam sein, Angst, etwas zu sagen, zögern, etwas Neues zu probieren
19. Bestätigung brauchen, ständig nach Anerkennung suchen, sich unsicher fühlen
20. Krank werden, psychosomatische Beschwerden entwickeln
21. Zuviel essen und dick werden, hungern und abnehmen
22. Unterwürfig, angepaßt, nachgiebig, pflichtbewußt, schmeichelnd sein, Streber
23. Stark trinken, Drogen nehmen.
24. In der Schule täuschen, abschreiben.[48]

– Einige Muster sind kämpferisch.
– Einige Muster sind flüchtend.
– Einige Muster sind nachgebend.
– Einige Muster sind unterwerfend.

Denkanstöße für Eltern und Erzieher

1. Jedes Kind entwickelt seine Bewältigungsstrategien.
Jungen neigen häufiger dazu, aktive und kämpferische Methoden und Verhaltensmuster anzuwenden. Mädchen dagegen geben nach und fügen sich. Allerdings gilt: keine Regel ohne Ausnahme.

2. Haben die Reaktionen Ihrer Kinder mit Machtausübung zu tun?

Die Bewältigungsmechanismen Ihrer Kinder sind ein hervorragender Spiegel, die eigenen Erziehungspraktiken zu überprüfen. Aggressionen sind Reaktionen auf Frustrationen.

3. Rebellion und Trotz beinhalten häufig Machtkämpfe zwischen Eltern und Kindern.

Machtmethoden der Eltern, die mit Schlagen, Erpressung und Liebesentzug erreicht werden sollen, werden von Kindern mit ihren Waffen beantwortet. Machtkämpfe verlieren die Eltern in den meisten Fällen, weil Kinder notfalls alle unerlaubten Wege beschreiten können.

4. Nachgiebige Kinder haben mit Gleichaltrigen Schwierigkeiten.

Ein gegenteiliges Verhaltensmuster ist Nachgiebigkeit. Viele Eltern sind beglückt, ein artiges und unauffälliges Kind in der Familie zu haben. Diese Kinder haben die Aggression nach innen genommen. Sie fügen sich und handeln pflichtbewußt. Sie sind aber bei den meisten Kameraden und Kameradinnen nicht beliebt. Sie ernten nicht selten Spott, Neckerei, Hohn und Ablehnung. Später ziehen sich die Kinder von den Erwachsenen zurück. Sie bestrafen sie nachträglich.

5. Gewalt gegen Lehrer und Schüler sind versteckte Rachemethoden.

Besonders Kinder, die sich zu Hause gegen den Machtanspruch der Eltern nicht durchsetzen können, entwickeln Wut, Zorn und Rachegefühle, die sie draußen in aggressiven Attacken gegen Lehrer und Schüler herauslassen.

6. Bestrafte Kinder isolieren sich von ihren Eltern.

Kinder, die sich gegen ihre strafenden Eltern nicht zur Wehr setzen können, es auch nicht wollen, ziehen sich in die Einsamkeit und Isolation zurück. Die Gespräche verstummen. Die

Kinder reagieren mißgelaunt und gehen ihre eigenen Wege. Sie sind wenig zu Hause, flüchten in lose und feste Beziehungen und meiden den Elternkontakt.

7. Macht, Herrschaft und strenge Disziplin sollen Kinder vor Kriminalität bewahren.

Strafende Disziplin erzeugt leicht abweichendes und kriminelles Verhalten. Besonders in der Pubertät wehrt sich der Jugendliche gegen die Gewalt der Eltern und Erzieher. Er kämpft im Grunde nicht gegen seine Eltern, er kämpft gegen ihre Machtansprüche. Kriminelle Jugendliche und Heranwachsende haben fast immer strafende und schlagende Eltern gehabt.

Aggression und Familienbeziehungen

Ein Fragebogen

Name der Kinder   (GE)   (GE)

1. _____   4. _____

2. _____   5. _____

3. _____   6. _____

Einschätzung:	1	2	3	4	5	6
Aufstehen						
Anziehen						
Sauberkeit						
Schule						
Anpassen						
Ordnung						
Hausarbeit						
Streiten						
Schlafen						
Öffentliches Benehmen						
Aufmerksamkeit						
Trödeln						
Wutanfälle						
Ängste						
Gewohnheiten						
Bettnässen						
Sonstiges						

Sonstige Probleme: _____

Einschätzung: (–) geht nicht, (0) kein Problem, (1) kleines Problem, (2) mittelschweres Problem, (3) ernstes Problem
GE = Gesamteinschätzung

Hinweise für den Fragebogen

1. In jeder Familie gibt es Auseinandersetzungen, Probleme, Ärger und Aggression. Die Motive sind verschieden. Die Arbeit mit dem Fragebogen ist angezeigt, wenn es nicht möglich ist, die gesamte Familie zu gemeinsamen Gesprächen zu motivieren. Die Arbeit mit dem Fragebogen ist eine hilfreiche Hausaufgabe für Eltern und Erzieher.
2. Tragen Sie die Namen Ihrer Kinder (im oberen Drittel des Fragebogens) ein. Sollten mehr als sechs Kinder in Ihrer Familie sein, ergänzen Sie die Zahlen.
3. Das Zeichen (–) = »geht nicht« beinhaltet, daß es unmöglich ist, bestimmte Verhaltensmuster des Kindes überhaupt einzuschätzen.
4. Die Stichworte von »Aufstehen« bis »Sonstiges« beinhalten die Hauptanlässe für Störungen und Probleme in der Familie. Versuchen Sie, jedes Kind mit den angegebenen Zeichen einzuschätzen.
5. Versuchen Sie, für jedes Kind eine Gesamteinschätzung (GE) hinter dem Namen einzutragen (0 = kein Problem; 1 = kleines Problem; 2 = mittelschweres Problem; 3 = ernstes Problem).
6. Welche Eigenarten, Verhaltensmuster oder Reaktionen beinhalten bei einem oder mehreren Kindern ein »mittelschweres« bzw. »ernstes Problem«? Müssen Ärzte (Kinderarzt, Kinderpsychiater usw.) in Anspruch genommen werden?
7. Besprechen Sie den Fragebogen mit einem Seelsorger oder Berater. Versuchen Sie, vor dem Beratungsgespräch schon folgende Fragen zu bedenken:
– Welche Probleme bei welchem Kind machen Ihnen am meisten zu schaffen?
– Worauf führen Sie bestimmte mittelschwere oder ernste Probleme zurück?
– Sind es in erster Linie Geschwisterauseinandersetzungen?
– Sind es Auseinandersetzungen mit den Eltern?

- Wie fühlt sich das Kind mit seinen Problemen im Familienverband?
- Beurteilen Vater und Mutter den Schweregrad der Störung in etwa gleich?
- Sind Vater und Mutter unterschiedlicher Meinung? Warum?
- Was haben sie bisher gemacht, um das Problem zu lösen?
8. Formulieren Sie einen Beratungsauftrag für den Seelsorger!

Wie können wir mit Zorn und Aggressionen umgehen?

Kinder und Erwachsene sind schöpferisch aktiv, sich auf vielerlei Weise im Leben zu behaupten. Sie können hilfreiche und lieblose, positive und negative Denk- und Verhaltensmuster benutzen. Haben sie sich für Kampf und Streit entschieden, werden sie kämpferische und aggressive Methoden einsetzen. Bevorzugen sie das Fair play und stehen Gemeinschaft und Zusammenleben im Vordergrund, werden sie auf feindliche und destruktive Mittel und Wege verzichten.

Es gibt vier häufig vorkommende Verhaltensmuster, die Christen und Nichtchristen praktizieren. Zwei sind konstruktiv, zwei sind problematisch.

Muster 1: Ich lebe Aggressionen aus

Viele Menschen haben gelernt: Du mußt deine Wut herauslassen. Wenn du schluckst, wirst du krank. Deine Kinder und Mitmenschen sollen wissen, wie es in dir aussieht. Sei nicht geizig mit deinen Gefühlen! Sie verstehen dann, was in dir vorgeht. Sie argumentieren:

»Ich fühle mich belastet und frustriert, dann schreie ich meine Wut heraus!«

»Ich zeige meinem Partner, daß er mich wütend, bitter und zornig gemacht hat. Er soll es wissen!«

»Wenn ich meine Wut herausschreie, fühle ich mich entlastet. Wutausbrüche befreien mich!«

Ein Psychologieprofessor und ein Psychiater haben sich in einem Buch mit 20 Fehlern und Irrtümern auseinandergesetzt, die sich im Zusammenleben der Menschen laufend wiederholen.

»Unserer Ansicht nach sind die meisten der ›gestörten Menschen‹ nicht krank, sondern lediglich – im Irrtum. Emotionales Gestörtsein ist im wesentlichen ein Ergebnis irrtümlicher Überzeugungen. (...) Fehler Nr. 6: Laß deinen Ärger raus! (...) 1. Es besteht ein Unterschied zwischen dem Erleben von Ärgergefühlen und dem Äußern von Wut gegenüber anderen Menschen.

2. Man kann seinen Verdruß konstruktiver durch eine direkte Stellungnahme ausdrücken als durch einen Gefühlsausbruch.

3. Wütend werden und selbstsicher sein, ist zweierlei.

4. Wütend werden zieht gewöhnlich einen Verlust der Kontrolle über sich selbst nach sich. Und das ist etwas anderes als das absichtliche Aufgeben der Kontrolle.

5. Wütend werden ist nichts weiter als eine Gefühlsentladung und trägt nicht zur Entwicklung bei (...) Und schließlich ist es eine Tatsache, daß viele Menschen Angst dabei bekommen, weil sie die Kontrolle über sich verloren haben.

6. Menschen, die oft wütend werden, sind meist unsicher. Wütend werden ist im allgemeinen ein Eingeständnis des Versagens, einem Problem nicht gewachsen zu sein.«[49]

– Die versteckten Ziele dieses ersten Musters sind offensichtlich:

Jemand will dem anderen einen Denkzettel verpassen.

Jemand will dem anderen seine Lieblosigkeit um die Ohren schlagen.

Jemand will den anderen treffen und verletzen.

– Aggressionsentladungen dienen der eigenen Befriedigung, sie lösen keine Probleme.

Muster 2: Ich entschuldige die Aggression

Kinder und Erwachsene benutzen im allgemeinen vier Fehlziele, um mit Schwierigkeiten und Problemen fertigzuwerden. Ein Lieblingsfehlziel lautet: »Entschuldigung für eigene Mängel«. Uns fallen reihenweise Rechtfertigungen und Entschuldigungen ein. Wir reden uns heraus. Ältere Kinder und Erwachsene benutzen Alibis.

Wir sagen: »Mir ist das so herausgerutscht! Ich wollte dich nicht beleidigen! Entschuldige bitte!«

Warum oder wozu haben wir aber den Partner oder Mitmenschen angebrüllt?

Wie kann ich ein Schimpfwort benutzt haben, wenn die entsprechenden Gefühle und Gedanken nicht im Kopf oder Herzen vorhanden waren?

Auch wenn die aggressiven Gefühle in ihrer Wucht nur einige Sekunden im Kopf gedacht wurden, sie kamen spontan heraus und spiegelten ein Stück Wirklichkeit wider. Was uns unkontrolliert und unbeherrscht über die Lippen kam, sind Aussagen, die wir auch einen Augenblick lang so gemeint haben.

Andere Entschuldigungen lauten:

»Ich habe einen zu niedrigen Blutdruck. Ich bin der Aufgabe nicht gewachsen.«

»Das Wetter hat mich verrückt gemacht, darum ist mir die Prüfung danebengegangen.«

»Wenn mich mein PMS-Syndrom (prämenstruelles Syndrom) heimsucht, bin ich unzurechnungsfähig.«

»Meine Kinder sind heute unausstehlich. Ich bin nicht in der Lage, einen klaren Gedanken zu fassen.«

»Wenn der Fön nicht gewesen wäre ...«

»Wenn die Kopfschmerzen nicht gewesen wären ...«

»Wenn die unglücklichen Umstände nicht gewesen wären ...«

Eine Handvoll Entschuldigungen, die uns und andere beruhigen sollen. Wir stehen nicht zu unseren aggressiven Attacken.

Muster 3: Ich frage nach den Zielen meiner Aggression

Eine konstruktive Lebenseinstellung. Auch eine gut christliche Verhaltensmaßnahme.

»Herr, was willst du, daß ich tun soll?«
Ich frage nach den offenen oder versteckten Motiven.
Was sollen meine destruktiven Verhaltensmuster bezwecken?
Was will ich erreichen?
Welche bösen Absichten bemäntele ich mit meinen Aggressionen?
Bin ich bereit, diese Einstellungen und Verhaltensmuster konkret zu benennen?
Lasse ich sie vor meinem Gewissen zu?
Oder operiere ich mit Muster 2 und lasse mir einleuchtende Ausreden einfallen?

Muster 3 ist ein ehrliches Beginnen, aggressive Umgangsmuster zu identifizieren und zu ändern.

Welche Ziele können mit Aggressionen verfolgt werden?
»Ich will meinen Partner demütigen.«
»Ich will mich am Partner oder an Arbeitskollegen rächen.«
»Ich will den anderen kränken!«
»Ich gebe es zu, ich will den Nachbarn verletzen!«
»Wenn ich darüber nachdenke, ich will den Partner auf Abstand bringen.«
»Mir ist es gleichgültig, ob ich den Konkurrenten kaputt mache.«
»Keine Frage, den Lügner will ich zum Schweigen bringen.«
Die offenen und versteckten Ziele können um viele vermehrt werden.

Wer sie erkennt und wer sie bekennt, unternimmt ernsthafte Schritte, Aggressionen abzubauen.

Muster 4: Ich übernehme die Verantwortung für meine Aggressionen

Christen tragen Verantwortung vor Gott, vor dem Nächsten und vor sich selbst.

Wer Verantwortung trägt, hält seinen Kopf hin. Die billigen Entschuldigungen gehören der Vergangenheit an. Die Ausreden, die wir seit Kindertagen geübt haben, hören auf.

Verantwortung hat mit dem Wort Antworten zu tun.

Wer antwortet, stellt sich den Fragen Gottes an uns.

Wer antwortet, stellt sich den Fragen des eigenen Gewissens.

Wer antwortet, schiebt nicht mehr die Schuld auf den anderen, auf die Umstände, auf die Eltern, auf das schlechte Milieu, auf die Gene und auf Gott.

Er lernt, für seine Gefühle die Verantwortung zu tragen. Aggressive Gefühle haben in der Regel aggressive Gedanken im Hintergrund. Unsere Gefühle führen kein Eigenleben. Sie werden produziert.

Wut ist ein Nachfolgegefühl

Wie entsteht Wut?
– Wir sind enttäuscht.
– Es geht nicht nach unserem Willen.
– Wir werden gezwungen, gegen unsere Überzeugung.
– Wir hatten Angst und reagieren mit Wut.
– Wir werden durch Umstände frustriert.
– Wir wollen einen anderen unsere Enttäuschung spüren lassen.

1. Wut wird in erster Linie nach einem anderen Gefühl erzeugt
Wut ist nicht primär. Wut fällt nicht aus heiterem Himmel über uns. Wut hat eine Vorgeschichte. Wut wird erzeugt. Wut wird von uns produziert. Wut wird geschaffen. Wut wird in Dienst gestellt. Wut ist also ein Nachfolgegefühl. Und was war zuerst? Thomas Gordon erzählt folgendes Beispiel: »Ein Schüler fällt beim Aufhängen von Unterrichtsmaterial fast aus dem Fenster. Das Grundgefühl des Lehrers ist Angst. Doch dann verhält er

sich wütend und sagt: ›Komm sofort da runter! Ich sehe doch, daß du nicht richtig aufpaßt!‹«

Wut entsteht häufig durch Gefühle der Angst.

Wut entsteht häufig durch Gefühle der Enttäuschung.

Wut ist also ein Nachfolgegefühl.

2. Wut kommt nicht einfach über uns

Davon gehen die Aggressionstrieb-Theoretiker aus. »Wut überfällt uns.«

»Wut schießt plötzlich in uns hoch.« Ohne Grund? Ohne Anlaß?

Wut hat immer eine Vorgeschichte. Wut ist ein Nachfolgegefühl.

3. Mit Wutgefühlen verfolgen wir ein Ziel

Diese Ziele und unbewußten Absichten stehen uns selten klar vor Augen. Wir möchten sie auch am liebsten gar nicht wahrhaben. Was wollen wir mit Wutgefühlen bezwecken?

– Ich will dem anderen einen Denkzettel verpassen.

– Ich will ihm meine Enttäuschung ins Gesicht schreien.

– Ich will dem anderen Schuldgefühle machen.

– Ich will ihn auf Vordermann bringen.

– Ich will ihn disziplinieren.

Wut ist zielgerichtet. Mit Wutgefühlen werden Du-Botschaften gesendet. Du-Botschaften beinhalten aber Anklagen, Vorwürfe und Kritik.

4. Wir müssen für unsere Wut die Verantwortung übernehmen

Leicht stehen wir in der Gefahr, anderen Menschen oder den Umständen die Schuld in die Schuhe zu schieben. Wenn wir die Verantwortung für unsere Wut übernehmen, gehen wir den ersten Schritt zur Selbstbeherrschung. Wir können unsere Wutgefühle kontrollieren, wenn wir uns klarmachen, was wir bezwecken wollten, als die Zorngefühle auftraten.

Oft reden wir uns heraus und geben der Vergangenheit die Schuld.

– Meine Wutgefühle sind von der Vergangenheit bestimmt. Das ist eine handfeste Lüge. Wir wollen uns rechtfertigen, uns entschuldigen. Wir wollen keine Verantwortung für unsere schlechten Gewohnheiten tragen.
– Es ist unmöglich, Wutgefühle zu kontrollieren, glauben wir. »Die anderen haben meine Wut herausgefordert!«
»Ich kann mich doch nicht lächerlich machen!«
»Soll ich denn alles schlucken?«
Vielleicht machen wir uns die Mühe, acht Tage lang unsere Wutgefühle, die über uns kommen, aufzuschreiben. Wir kontrollieren gezielt, wie sie entstanden sind. Wir überprüfen, welche Anlässe von außen oder innen die Wut entfacht haben. Wahrscheinlich werden wir erleben, daß wir selbst es sind, die Wut produzieren.

5. Wir dürfen uns nicht von Gefühlen bestimmen lassen
Viele Menschen, auch viele Christen, bringen immer wieder ihre Heilsgewißheit mit Gefühlen in Verbindung. Gefühle sind aber irrig und unzuverlässig. Heute fühlen wir uns oben, morgen sind wir down. Heute geht es uns gut, morgen fühlen wir uns schlecht. Gefühle sind von tausend Eindrücken und Umständen abhängig. Wie schreibt Dr. David Seamands:

»Die sicherste Art, wie man ein niedergeschlagener, kränklicher und schwankender Christ wird, ist die, daß man sich stets fragt: ›Wie fühle ich mich?‹ Es ist ein sicheres Zeichen von geistlichem Kleinkindertum, wenn man seine Gemeinschaft mit Gott auf das Vorhandensein von Gefühlen aufbaut. Der sicherste Weg zur geistlichen Reife ist, daß man lernt, Stimmungen und Gefühle in seinem Leben unterzuordnen.«[50]

Wir werden immer wieder mit der Frage konfrontiert, ob wir uns von Gefühlen leiten lassen oder ob wir Herr unserer Gefühle sein werden.

Wut ist ein Nachfolgegefühl. Wir entscheiden, was wir mit Ärger, Zorn und Wut bezwecken wollen.

Aggression und Verschiebung

Wir Menschen – auch wir Christen – sind erfinderisch, uns in brenzligen Situationen herauszureden, zu entschuldigen, zu rechtfertigen, selbst zu schützen, zu verteidigen.

Das Schlimme ist, wir glauben an diese Schutzmechanismen. Diese Selbsttäuschungen und diesen Selbstbetrug nehmen wir sehr ernst. Wir lügen uns in die eigene Tasche.

Ein Abwehrmechanismus, der vor allem bei Christen beliebt ist, die Konflikten aus dem Weg gehen, die Auseinandersetzungen vermeiden wollen, ist die *Verschiebung*.

Herr Weiß ist ein guter Mitarbeiter in der Firma. Er ist zuverlässig, gewissenhaft, einsatzfreudig und beliebt. Zweimal schon hatte er gehofft, er würde Abteilungsleiter. Aber jedesmal wurde ein anderer vorgezogen. Darüber war er im Grunde »stinkwütend«. Diesen Ärger ließ er aber nicht raus. Im Kopf und im Herzen pflegte er bitterböse Gedanken. Seine gesamte Stimmung wurde zunehmend deprimierter. Seine Ausstrahlung war alles anderes als fröhlich und zufrieden. Aus Furcht, jemanden zu verletzen, ließ er die wütenden Gedanken nur im Inneren kreisen. Wenn er nach Hause kam, verhielt er sich häufig »unausstehlich«. Jedenfalls war das die Empfindung seiner Frau. Bei Tisch vergriff er sich im Ton, schrie die Kinder an, so daß seine Frau ihm in den Rücken fiel und sich vor den Kindern gegen ihn stellte. Zwei Tage später hatte er sich den Magen verdorben. Er meinte, er habe zu fettige Bratkartoffeln gegessen. Das Essen schmeckte ihm nicht mehr richtig. Einige Pfund nahm er ab. Bisher konnte er nachts gut schlafen. Auch das änderte sich. Manchmal lag er stundenlang wach und grübelte vor sich hin. Als der Kanarienvogel, das Lieblingstier seiner Tochter, zuviel Krach machte, packte ihn plötzlich die Wut und er schleuderte mit voller Wucht seinen ausgerissenen Schuh vor den Käfig. Frau und Tochter erschraken und Herr Weiß auch. Seine Frau nahm ihn beiseite und sprach ihm ins Gewissen. Die Tochter nahm den Vater in den Arm, in ihr baute sich Angst auf. So lernte ich Herrn Weiß einige Tage später kennen.

Was macht diese Geschichte und Szene deutlich? Einige Anmerkungen:

Anmerkung 1: Herr Weiß ist ein Gefalltyp
Er will im Leben, vor Menschen, in der Firma, vor dem Chef und vor Gott gefallen. Herr Weiß hat gelernt: Wenn du dich angenehm, liebenswürdig, angepaßt und zurückhaltend verhältst, wirst du gemocht, eckst du nicht an, hast Frieden mit deiner Umgebung und mit dir selbst.

Anmerkung 2: Herr Weiß kann sich nicht durchsetzen
Sein angepaßtes und liebenswürdiges Verhalten hat zweifellos eine positive Seite. Er wird gemocht. Im zwischenmenschlichen Bereich sind diese Umgangsmuster positiv, im Arbeitsbereich, wo es um Führung und Durchsetzen geht, wirken diese Muster negativ. Zu Hause bestimmt seine Frau. Sie ist in der Lage, schnell zu entscheiden. Sie kennt keine Angst, Fehler zu machen. Herr Weiß will niemanden vor den Kopf stoßen, niemanden verärgern und niemandem weh tun. Diese Einstellungsmuster hindern ihn, sich durchzusetzen.

Anmerkung 3: Herr Weiß ist keine Führungsperson
Er möchte den Abteilungsleiterposten haben, wurde aber vom Chef der Firma zweimal übergangen. Der Chef schätzt seinen Mitarbeiter, aber nicht auf einem Führungsposten. Er kennt seine guten Seiten, weiß aber, daß er keine Anweisungen geben kann. Seine Nachgiebigkeit und Liebenswürdigkeit verhindern Entschiedenheit und Durchsetzungsfähigkeit. Herr Weiß kennt seine Führungsdefizite, will sie aber nicht wahrhaben.

Anmerkung 4: Herr Weiß klärt nicht seinen Ärger mit der Firma
Aus Angst anzuecken frißt er die Wut in sich hinein. Er wagt nicht, mit dem Chef ein offenes Wort zu reden, um das gute

151

Klima zwischen ihnen nicht zu stören. Der Chef ahnt nicht, was in seinem Mitarbeiter vorgeht. Herr Weiß gerät unter inneren Druck, verrennt sich in feindselige Gedanken und belastet seinen gesamten Organismus. Leib, Seele und Geist geraten durcheinander.

Die Friedlosigkeit hat seinen Körper und den Umgang mit Arbeitskameraden und seinen Angehörigen belastet. Die Angst, an Wohlwollen zu verlieren, und die Zweifel, beim Chef unten durch zu sein, hindern Herrn Weiß, konfrontativ Stellung zu beziehen.

Anmerkung 5: Herr Weiß verschiebt die Aggression auf Dritte
Er praktiziert den Abwehrmechanismus der Verschiebung. Weil er den Konflikt nicht direkt mit dem Chef löst, nimmt er die Wut nach innen, belastet Leib und Seele und läßt die Wut an unschuldigen Dritten aus. Seine Frau, die Kinder und der Kanarienvogel erleben seinen Unmut.

Die Verschiebung ist darum so gefährlich, weil sie den ganzen Menschen im Innern und in seinen Beziehungen zu anderen schwächt und möglicherweise krank macht. Die Magenbeschwerden haben vermutlich schon mit »In-sich-hinein-Fressen« zu tun.

Anmerkung 6: Herr Weiß muß lernen, Wünsche und Bedürfnisse deutlich zu formulieren
Wer Frustration erfährt, und sie spielen im Zusammenleben eine Rolle, sollte sie sofort mit dem Betroffenen klären. Wer sie verdrängt, in sich hineinfrißt oder verschiebt, lädt sich unnötig mit Aggressionen auf.

Herr Weiß muß lernen, sich anzunehmen, wie er ist. Behält er seine Muster bei, darf er sich nicht grämen, nicht Abteilungsleiter zu werden. Wer Führungsaufgaben wahrnehmen will, muß Reibungen, Auseinandersetzungen und Konflikte hinnehmen. Er muß sich ihnen stellen.

Ein Selbsterforschungsfragebogen

	stimmt nicht	stimmt etwas	stimmt voll
1. In vielen Lebenssituationen habe ich mich als Opfer gefühlt			
2. Wenn ich verletzt werde, ziehe ich mich gern beleidigt zurück			
3. Es fällt mir schwer, nein zu sagen			
4. Mir liegt es sehr am Herzen, von anderen gemocht zu werden.			
5. Ich verhalte mich eher angepaßt, um akzeptiert zu werden			
6. Bei Streitigkeiten spiele ich gern den Vermittler			
7. Wenn ich von anderen verletzt werde, fällt es mir schwer, meine Wut dem Betreffenden zu sagen			
8. Ich praktiziere Selbstmitleid, wenn andere mich gekränkt haben			
9. Schuldgefühle sind ein Problem in meinem Leben			
10. Oft erlebe ich Anspannungen, die zu Kopfschmerzen, Migräne oder anderen körperlichen Reaktionen führen			
11. Ich gebe mir große Mühe, bei anderen Menschen anzukommen			
12. Ich tue viel, um nicht einsam und verlassen zu sein.			
13. Ich habe als Kind häufig Schläge einstecken müssen			

	stimmt nicht	stimmt etwas	stimmt voll
14. Bei Auseinandersetzungen gebe ich eher nach			
15. In der Ursprungsfamilie habe ich mich öfter als Sündenbock gefühlt			
16. Ich weiß, ich sollte nicht geboren werden. Mein Gefühl: Ich stand im Weg			
17. In meiner Kindheit bin ich sexuell mißbraucht worden			
18. Meine Eltern haben nicht an mich geglaubt.			
19. Mit meinem Leben bin ich im weitesten Sinne nicht zufrieden			
20. Ein Elternteil (Vater oder Mutter) war auch ein Masochist – ein Leidetyp			
21. In unserer Ursprungsfamilie war es nicht üblich, über Gefühle zu sprechen			
22. Freiwillig übernehme ich viele Dienste für Nachbarn, Kranke und für die Gemeinde			
23. Wut, Zorn und Aggression kann ich nicht laut und deutlich äußern			
24. In meiner Kindheit und im Leben fühlte ich mich oft hilflos. Ich habe den Eindruck, ich kann nichts machen.			
25. Im Kern meines Wesens bin ich eher der Helfertyp			
26. Im Kern meines Wesens bin ich eher der Opfertyp			

Hinweise zum Selbstforschungsfragebogen

1. Versuchen Sie, sich zwischen den drei Antwortmöglichkeiten zu entscheiden. Falls Ihnen die Entscheidung schwer fällt, was glauben Sie, woran das liegt?

2. Offenbaren die Antworten bestimmte Lebensgrundüberzeugungen? Welche?

3. Lassen Sie den Fragebogen von Ihrem Partner ausfüllen. Es ist eine hilfreiche Möglichkeit, Ihre Verhaltensmuster besser einschätzen zu lernen. Streiten Sie nicht über unterschiedliche Meinungen!

4. Wie reagiert Ihr Partner auf die Folgen Ihrer Frustrationen?

5. Welchen Nutzen haben Sie von Ihren Verhaltensmustern? Welchen Preis zahlen Sie dafür?

6. Welche Verhaltensmuster sind destruktiv und ungeistlich?

7. Welche Muster wollen Sie verändern? Welche Verhaltenseigenarten wollen Sie beibehalten?

Aggression und Masochismus

Was haben die beiden Einstellungsmuster miteinander zu tun?

Masochisten sind Menschen, die Leidelust empfinden. Im »Lexikon der Liebe« definiert Ernest Bornemann diesen Begriff:

»Masochismus, ein von Krafft-Ebing geprägtes Wort, das die Perversionen des österreichischen Schriftstellers Leopold von Sacher-Masoch beschreiben sollte. Wie beim Sadismus muß man auch beim Masochismus verschiedene Erscheinungsformen unterscheiden.

1. Nichtsexueller oder psychischer Masochismus, eine Mentalität, die nach Niederlagen im privaten, gesellschaftlichen Leben, nach Unterordnung in der beruflichen Tätigkeit, nach Demütigung und Mißerfolg trachtet, in Leid, Schuld und Minderwertigkeitsillusionen schwelgt und schlechte Behandlung protestlos hinnimmt. (...) Was hier nur selten als Masochismus erkannt wird, weil es so gänzlich fern von jedem sexuellen Masochismus zu liegen scheint, ist das Bedürfnis solcher Menschen, weniger zu scheinen als zu sein, Opfer auf sich zu nehmen, ein Martyrium zu erdulden. (...) Sie tun dies, um ihren Drang nach Sühne, Freiheitsberaubung, Buße, Gefangenschaft und Unterwerfung zu befriedigen.«[51]

Selbstverständlich gibt es auch den sexuellen Masochismus. Hier geht es aber um die grundlegende Einstellung zum Leben.

Masochisten sind leidenssüchtige Menschen.

Masochisten haben eine selbstzerstörerische Lebenseinstellung.

Masochisten sind oft wehleidige Menschen, die Zorn und Bitterkeit nach innen nehmen.

Masochisten sind Menschen, die Enttäuschungen, Wünsche und Unzufriedenheit nicht wahrhaben wollen und sie im Innern vergraben.

Masochisten verdrängen Feindseligkeit, Haß und Wut. Sie reagieren autoaggressiv. Autoaggressive Verhaltensweisen sind:

Schmollen, Beleidigtsein, sich gehen lassen, unbewußt Fehler machen, vergeßlich sein. Die versteckten Rachegefühle werden in diesen Praktiken offenbar.

In dem folgenden Fragebogen werden 24 Verhaltensmuster genannt, die masochistische und damit aggressive Muster charakterisieren. Erkennen Sie Ihre versteckte, nicht zugelassene, verdrängte und überspielte Wut? Verbergen sich hinter Ihren masochistischen Neigungen nicht doch aggressive Impulse?

Wie reagiere ich auf Ärger und Frustrationen?
Ein Selbsterforschungsfragebogen

	stimmt nicht	stimmt ganz
1. Ich bin mir nicht sicher, ob es die Sache wert ist, angesprochen zu werden		
2. Ich schlucke den Ärger		
3. Ich bete darüber		
4. Ich entschuldige mich, auch wenn ich nicht schuld bin		
5. Ich reagiere mit Magen- und Kopfschmerzen		
6. Ich lenke mich mit Musik ab		
7. Ich fliehe in die Arbeit		
8. Ich konzentriere mich auf Hobbys		
9. Ich gehe laufen, renne herum oder fahre los		
10. Ich gönne mir etwas Gutes (Essen, Süßigkeiten)		
11. Ich trinke Alkohol		
12. Ich kritisiere und mache Vorwürfe		
13. Ich rede mit anderen darüber		
14. Ich betreibe Selbstbefriedigung		
15. Ich reagiere lustlos und beleidigt		
16. Ich kaufe mir schöne Sachen		
17. Ich verweigere mich sexuell		
18. Ich schweige (tagelang, wochenlang)		

	stimmt nicht	stimmt ganz
19. Ich ziehe mich in einen Schmollwinkel zurück		
20. Ich rechtfertige mich		
21. Ich werde wütend und aggressiv		
22. Ich gehe fremd		
23. Ich spiele mit Gedanken ans Fremdgehen		
24. Ich mache den ersten Schritt zur Versöhnung		
25. Ich trage nach		
26. Ich nehme häufig die Schuld auf mich		
27. Ich schlichte und passe mich eher an		
28. Ich sammle „Rabattmarken" gegen den anderen		
29. Ich lasse ihn reinfallen und auflaufen		
30. Ich lenke ab, wechsle das Thema		
31. Verhaltensmuster, die nicht genannt wurden:		

Hinweise zum Selbsterforschungsfragebogen

1. Bitte füllen Sie den Bogen ehrlich vor sich selbst auf. Sie erfahren um so deutlicher, wo Ihre Stärken, aber auch Ihre Schwächen liegen.
2. Sie können den Fragebogen auch von ihrem Partner bzw. von einem Ihnen nahestehenden Menschen ausfüllen lassen. Sie erleben, wie andere Sie einschätzen.
3. Besonders die Aussagen, die Sie mit »stimmt ganz« angekreuzt haben, sind für die Lebensstilkorrektur bzw. für die Gesinnungsänderung wesentlich.
4. Wenn Sie mehr als die Hälfte aller Fragen mit »stimmt ganz« angekreuzt haben, sind Sie vermutlich ein Masochist, ein Leidetyp,
   – der sich von anderen Menschen ausnutzen läßt,
   – der Gefallen findet am eigenen Leid,
   – der durch übergroße Hilfsbereitschaft und Aufopferung seine Angehörigen in Mitleidenschaft zieht,
   – der durch sein unangebrachtes Mitleid häufig zum Retter wird und sich dabei von den vermeintlichen Opfern ausnehmen läßt.
5. Leidemenschen brauchen einen Fachseelsorger oder Therapeuten, um ihren Selbstwert zu stabilisieren und um eine reife, gesunde, mündige und geistliche Persönlichkeit zu werden.
6. Ist es möglich, daß Sie eine Reihe Verhaltensmuster für Stärken gehalten haben, den Preis, den Sie dafür bezahlen müssen, aber verleugnen und verdrängen?

Erziehung und Hauptkennzeichen des Masochisten (Leidemenschen)

These 1:
Eltern erziehen ihre Kinder zur völligen Anpassung. Bewußt oder unbewußt wird ihnen das Neinsagen schwer gemacht. Die Kinder sind verunsichert, verhalten sich angepaßt und beziehen nicht selbstvertrauend Stellung.

These 2:
Leidemenschen haben erlebt, daß sie wertlos und unwürdig sind. Sie haben das Gefühl, auf Grundrechte des Lebens (Recht auf ein erfülltes Leben, Recht auf Glück, nein sagen zu dürfen, Recht auf eine gute Ehe usw.) verzichten zu müssen.

These 3:
Masochisten haben sehr häufig traumatische Erlebnisse in der Kindheit erfahren. Sie glauben, es sei recht und billig, wenn ihnen Leid zugemutet wird.

These 4:
Masochisten reagieren mit grundlosen Schuldgefühlen, mit Scham, Aggression und Wut nach körperlichen, verbalen und seelischen Übergriffen der Erzieher.

These 5:
Masochisten, die in ihrer Kindheit gelitten haben, sind süchtig nach Menschen, die sie quälen, ausnutzen, schädigen und leiden lassen.

These 6:
Masochisten zeigen eine leidenssüchtige Komponente. Sie pflegen und provozieren häufig eine selbstzerstörerische Einstellung. Sie denken und handeln autoaggressiv.

These 7:
Leidemenschen praktizieren ein passiv-aggressives Verhalten. Sie zeigen ihre Aggression nicht direkt, sondern indirekt. Sie neigen zum Alkoholismus, vergessen Aufgaben, lehnen wortlos Verantwortung ab und rächen sich hintenherum.

These 8:
Leidemenschen ziehen sich in den Schmollwinkel zurück. Sie verhalten sich wehleidig, reagieren beleidigt und gekränkt. Die versteckt aggressiven Muster werden in jedem Verhalten deutlich.

These 9:
Leidemenschen stellen sich nicht der Konfrontation. Sie ziehen sich zurück, gehen aus dem Felde und reagieren ihre Aggression an unschuldigen Dritten ab. Sie können Kinder, Tiere und Gegenstände traktieren. Sie praktizieren den Abwehrmechanismus der Verschiebung.

These 10:
Leidemenschen wiederholen die negativen Mechanismen, die sie in der Kindheit erlebt haben. Masochistische Leidensmuster sind ihnen auf den Leib geschrieben. Entscheidend ist, daß diese Denk- und Verhaltensmuster in der Regel mit versteckter Aggression verbunden sind.

Aggression im Traum

Wenn der Traum unser Innerstes widerspiegelt, muß auch im Traum die Aggression zur Sprache kommen. Wut, Zorn und Bitterkeit sind Empfindungen, die wir auf Partner, Arbeitskollegen, Vorgesetzte, Nachbarn und Kinder übertragen.

Im Traum haben wir alle Freiheit, uns zu wehren, zu schlagen, uns zu rächen und unserer Wut Ausdruck zu verleihen. Selbstverständlich kommt auch zur Sprache, wie wir Aggressionen anderer Menschen erleben. Wir können aktiv oder passiv, hilflos oder sehr feindselig agieren.

Eine Frau wird umgebracht

In der Beratung erzählt eine Frau einen bedrückenden Alptraum:

»Es ist Nacht. Nur die dünnen Vorhänge sind vor das Fenster gezogen. Das Licht von draußen erhellt schwach das Schlafzimmer. Im Bett liegt eine Frau, die sich ganz zusammengekrümmt hat, als wenn sie furchtbare Angst hätte. Ich weiß nicht, ob sie schläft. Dann sehe ich mich die Straße entlanggehen, niemand ist zu sehen. Vor einer Kneipe will ich stehenbleiben. Sie ist hell erleuchtet.

Drinnen grölen Leute. Ich gehe schneller, ziehe die Schuhe aus, damit mich niemand hört. Ängstlich schaue ich nach allen Seiten, ob mich auch niemand sieht. Und da bin ich wieder im Schlafzimmer der Frau. Plötzlich sehe ich, wie sich ein bulliger, schwarzer Schatten dem Bett der Frau nähert.

Die Frau ist wach geworden, streckt abwehrend die Arme aus dem Bett. Ihr Mund ist weit aufgerissen, aber es kommt kein Ton heraus. In mir verkrampft sich alles. Ich sehe, wie die dunkle Figur mit beiden Fäusten brutal auf die Frau einschlägt. Sie fällt zusammen und erduldet alles.

Plötzlich ist es taghell. Ich schaue mich im Zimmer um. Der Schatten ist weg. Auch unter dem Bett ist er nicht. Im Bett liegt reglos die Frau. Ich glaube, sie ist tot. Die weißen Bettbezüge sind blutverschmiert. Ich sacke ohnmächtig zusammen und werde wach. Am ganzen Körper bin ich schweißnaß.«

Nimmt die Frau im Traum ihre eigene Ermordung vorweg? Ist es ein prophetischer Traum, der ihre Zukunft deutet? Nichts von alledem.

Was drückt der Traum aus?

1. Die Frau hat Angst
Es ist Nacht im Traum. Die Nacht ist ein Symbol für Angst, für Gefahr, für Dunkelheit, für Bedrohung. Die Frau liegt »zusammengekauert« da. Die Ratsuchende deutet diese Haltung selbst als schutzsuchend. Die Träumerin ist gleichzeitig die Frau, die durch die Straßen geht und die im Bett liegt. Sie wird von einem bulligen Schatten attackiert und aggressiv angegriffen. Die Frau hat nicht nur Angst, sie ist auch hilflos und ohnmächtig dem Aggressor ausgeliefert.

2. Sie wird umgebracht
Auf die Frage: »Wie erleben Sie den Traum?«, sagt sie spontan: »So fühle ich mich im täglichen Leben. Meine Ehe bringt mich um. Mein Mann ist ein brutaler Kerl. Wenn er getrunken hat, ist er unberechenbar.« Ihr Mann ist ein Quartalsäufer, wie sie berichtet. Im Grunde ist er klein und schwach. Durch Alkohol möbelt er sein Image auf und spielt den Macho, dem keiner widerstehen kann. Frau und Kinder müssen darunter leiden. Sie werden geschlagen, verprügelt, und die Frau wird immer wieder vergewaltigt.

Ich: »Was sagt diese zusammengeschlagene Frau, die da im Bett liegt? Wollen Sie ihr eine Stimme leihen?«

Die Ratsuchende muß nicht lange überlegen: »Hätte er mich doch umgebracht, dann hätte ich alles hinter mir. Ich könnte aufatmen, und die lähmende Angst wäre ein für alle Mal verschwunden. Gott und die Welt würden erleben, was er mir angetan hat.« Auch in der Frau haben sich Haß, Aggression und Verbitterung breitgemacht.

3. Die Frau hat das Leiden zum Lebensthema gemacht
Hilflosigkeit, Angst und Ohnmacht sind ihr Lebensthema. Schon vor der Ehe hat sie es als Kind erlebt. Der Vater war sehr streng, duldete keine Widerrede und schlug schon bei Kleinigkeiten. Die Ratsuchende hat mit sicherem Griff wieder einen

Mann gewählt, der schlägt, der Gewalt anwendet und dem sie hilflos ausgeliefert ist. Die Ratsuchende reagiert wie ein hypnotisiertes Kaninchen. Ihr fallen keine Hilfen ein, sich ernsthaft zu verteidigen. Die Frau ist eine gläubige Christin. Das 53. Kapitel des Jesajabuches hat sie zu ihrem Lieblingstext erwählt. Die Passionszeit ist für sie die schönste Zeit im Jahr. Jeden Tag vertieft sie sich mit Christus in eine Leidensstation, wie es katholische Christen auf dem Weg zum Kreuz nachempfinden.

4. Wir erarbeiten einen neuen Lebensstil
Der Traum und seine Deutung hat der Ratsuchende noch einmal klargemacht, wie leidenssüchtig und masochistisch sie ihr Leben betrachtet. Wir erarbeiten ihren Lebensstil, der wie ein Stachel im Fleisch wirken soll, und formulieren: »Ich bin eine große Dulderin, die in der Ehe, in der Gemeinde und vor Gott angesehen ist, wenn ich mich widerstandslos demütigen lasse.« Ihr Mann hat diesen Lebensstil bestätigt, wenn er ihr gedroht hat: »Du brauchst mal wieder eine gründliche Abreibung, am besten mit blutunterlaufenen Augen, dann trägt dich deine Gemeinde auf Händen.«

Diese Drohung und der Lebensstil der Frau passen zusammen wie der Schlüssel zum Schloß. Zwei kranke Menschen haben sich gesucht und gefunden. Sie ergänzen sich auf krankhafte Weise. Ihre Ehe steht unter dem Motto: »Die Heilige und der Bösewicht«.

Solange die Frau diesen Lebensstil nicht aufgibt, wird sie ihren Mann provozieren, zu trinken und zu schlagen.

5. Der Mann kommt in die Beratung
Nachdem die Frau ernsthaft entschlossen war, ihre Lebensgrundeinstellung zu ändern, kamen wieder Lebensmut und Lebensfreude in ihr Leben. Sie schrieb ihrem Mann einen Brief, den sie beim Gemeindepastor mit einer Durchschrift hinterlegt hatte: »Lieber Mann! Ich möchte zu einer echten Liebe zurückfinden. Ich habe gelitten und mich trotz allem als

Märtyrerin gefühlt. Ich bitte dich herzlich um Vergebung. Wenn du an deinem Alkoholismus arbeitest und ich an meiner Leidenssucht, können wir eine zufriedenstellende Ehe führen. Ich sehe einen Hoffnungsschimmer für uns beide.« Das wirkte. Der Mann kam in die Beratung und suchte eine Klinik für Suchtgefährdete auf. Die Frau war bereit, selbst an einigen Wochenenden in die Klinik zu kommen, damit an ihrer Ehe gearbeitet wurde. Die Aggression des Mannes und die Leidensvorstellung der Frau korrespondierten zusammen.

Ich habe die Eheleute nach der Entziehungskur noch ein halbes Jahr in gemeinsamen Gesprächen betreut. Die Aggression war verflogen. Und die Frau hatte weitgehend ihre devote, leidenssüchtige und unterwürfige Art abgelegt.

Aggressive Gedanken stimulieren zu aggressiven Taten

Es ist keine Frage, daß destruktive Gedanken und aggressive Gefühle häufig brutale und aggressive Taten folgen lassen. Die Geschichte von Kain und Abel ist dafür ein Standardbeispiel. Aggressive Gedanken, die wir kultivieren, können sich entladen: »Den Kerl sollte man erwürgen!« »So etwas gehört erschlagen!« »Die Schweinehunde, die sich so etwas erlauben, sollte man plattmachen!« Jesus hat es deutlich formuliert: »Aus dem Herzen kommen böse Gedanken (...)« Jesus sagt im Neuen Testament: »Morde nicht! Wer einen Mord begeht, soll vor Gericht gestellt werden. Ich aber sage euch: Schon wer auf seinen Bruder zornig ist, gehört vor Gericht. Wer aber zu seinem Bruder sagt: ›Du Idiot!‹, der gehört vor das oberste Gericht. Und wer zu seinem Bruder sagt: ›Geh zum Teufel‹, der verdient ins Feuer der Hölle geworfen zu werden« (Matth. 5,21-22).

– Mord und Totschlag beginnen in Gedanken,
– Mord und Totschlag beginnen im Herzen,
– Mord und Totschlag sind die Folgen von Zorn, Bosheit, Rachegefühlen und von aggressiven Vorstellungen.

Aggressionen und Schuldgefühle

Diese beiden Verhaltensmuster sind eng miteinander verzahnt. Schuldgefühle mir gegenüber und Aggressionen anderen gegenüber bedingen einander. Viele Christen geraten leicht in einen inneren Konflikt. Was hat Vorrang, ihre eigenen Interessen oder die Interessen anderer?

– Darf ich an mich selbst denken, oder muß ich nicht dem anderen die größere Aufmerksamkeit schenken?
– Darf ich nein sagen, oder muß ich den Wünschen und Erwartungen der anderen immer entsprechen?
– Darf ich dem anderen Grenzen setzen, oder zwingt mich die Nächstenliebe, jedes nur denkbare Opfer zu bringen?

Diese inneren Konflikte machen Schuldgefühle.

Was sind Schuldgefühle?

Schuldgefühle sind die Folge von nach innen gerichteten Aggressionen. Wir haben sie produziert. Wir entsprechen ja nicht dem Idealbild, was wir von uns Menschen und Christen haben.

Wer sich schuldig fühlt, ist böse auf sich.

Wer sich schuldig fühlt, reagiert mit Zorn nach innen.

Wer sich schuldig fühlt, ist auch wütend auf andere, zeigt es aber nicht.

Schuldgefühle sind Unzulänglichkeitsgefühle.

»Ich müßte eigentlich hilfsbereiter sein.«

»Ich müßte viel selbstloser und weniger selbstsüchtig sein.«

»Ich bin als Christ ein Versager. Also bin ich wütend und aggressiv auf mich.«

Schuldgefühle verraten Idealvorstellungen.

Schuldgefühle verraten zu hoch gesetzte eigene Wertvorstellungen.

Schuldgefühle verraten enorme Selbstansprüche.

Idealismus fordert Zorn und Versagen geradezu heraus. Je höher die Ansprüche, desto tiefer die Enttäuschungen und die Wut auf uns selbst. Je höher meine eigenen Wertvorstellungen und meine idealistischen Züge, desto krasser die Kritik am anderen. Wenn eine unbegrenzte Opferbereitschaft mein Denken prägt, muß ich zwangsläufig über mich und andere wütend und zornig sein.

»Die anderen sind ja unglaublich egoistisch!«

»Die haben nur sich selbst im Sinn!«

»Die wollen Christen sein! Nächstenliebe und Opferbereitschaft sind für die doch Fremdwörter.« Der Idealist wird zum Pharisäer. Und der Pharisäer wertet andere ab. Die Aggression ist nicht offenkundig, versteckt sich aber in der Überheblichkeit.

Wie gehen wir mit Schuldgefühlen um?

Alfred Adler hat den bösen Satz gesagt: »Schuldgefühle sind die guten Absichten, die wir nicht haben.« Schuldgefühle signalisieren eine edle Gesinnung.

»Eigentlich sollte ich opferbereiter und hilfsbereiter sein!«

»Eigentlich sollte ich weniger egoistisch und selbstsüchtig sein.«

Wer eigentlich sagt, handelt uneigentlich. Er tut nichts, er hat aber wenigstens Schuldgefühle. Es schimmert eine gute Absicht für andere hindurch. Sie wird aber nicht praktiziert. Die guten Absichten sind Fassade. Nicht wenige fallen auf die »guten Absichten« ihrer Mitmenschen herein. Sie sagen: »Deine guten Absichten tun mir gut. Ich nehme sie für die Tat.« In Wirklichkeit sind die guten Absichten eine Mogelpackung. Hätten wir in Herz und Hirn gute Absichten, würden wir sie auch ausführen. Die Einheit der Persönlichkeit macht deutlich, daß Gedanken und Handeln zusammengehören. Wer wirklich gute Absichten hat, der praktiziert sie. Wer sie nicht praktiziert, produziert wenigstens Schuldgefühle. Sie sollen das eigene Gewissen beruhigen.

Von daher sind Schuldgefühle Beruhigungspillen. Sie dämpfen die Stimme des Gewissens. Eine weitere ungeistliche Methode, Schuldgefühle loszuwerden, besteht darin, die heimliche Wut oder die versteckte Aggression auf Mitmenschen abzuschieben.

Andere sind noch egoistischer. Andere sind noch liebloser.

Wir entschuldigen uns, indem wir die Mitmenschen belasten. Wenn die Schuld der anderen noch größer ist, sind wir entschuldigt.

Schwester X kann nicht nein sagen

Der holländische Theologe und Lehrer Nico van der Voet beschreibt ein treffendes Beispiel: »Die Leiterin einer Pflegestation bittet eine Krankenschwester: ›Können Sie am kommenden Wochenende arbeiten? Schwester Soundso ist erkrankt und nun brauche ich Ersatz.‹ Wie reagiert die angesprochene Krankenschwester? Entscheidet sie sich für ihre eigenen Interessen, läßt sie sich auf nichts ein. Sie hat sich bereits für den Samstag mit einigen Freundinnen verabredet und will auf das Treffen nicht verzichten. Wenn sie es sich mit der Leiterin der Pflegestation nicht verderben will, kommt sie der Bitte nach. ›Ich will mal nicht so sein‹, denkt sie. Sie willigt ein, ist allerdings nicht glücklich mit der Situation. Sie erkennt, daß sich die Oberschwester mit derartigen Bitten regelmäßig an sie wendet. ›Warum bittet sie niemals meine Kolleginnen?‹ denkt sie. Die Krankenschwester hat versagt, denn sie spürt, daß sie der Bitte der Oberschwester eigentlich aus Angst heraus entsprochen hat. Sie hat nicht einmal angeregt, eine andere Kollegin zu bitten. Und wie soll sie es ihren Freundinnen beibringen, daß sie nicht mitkommt? Schließlich richtet sich das Gefühl des Unbehagens in der Gestalt verborgener Aggressionen auf ihre Kolleginnen. ›Alle denken sie nur an sich selbst!‹«[52]

Schauen wir uns das Verhalten der Schwester etwas genauer an.

Einige Anmerkungen:

Anmerkung 1: Schwester X ist konfliktunfähig.
Sie sagt ja, wo sie nein sagen sollte. Sie will nicht anecken, will keinen Streit, will keine Auseinandersetzungen. Die Folge: Sie verlagert die Aggressionen nach innen. Und sie wird von anderen bestimmt.

Anmerkung 2: Was sind die eigentliche Ziele der Schwester?
Sie hat gelernt, sich in allen Lebenssituationen anzupassen. Hinter der übertriebenen Anpassungsfähigkeit steckt das Verlangen, »es mit der Leiterin der Pflegestation nicht zu verderben«. Sie will bei anderen Menschen ankommen. Sie will gefallen. Das ist das vornehmste Ziel der Schwester. Erst viel später ist das Ziel angesiedelt, ihr eigenes Leben zu bestimmen.

Anmerkung 3: Schwester X ermutigt die Mitschwestern, sie auszubeuten.
Viele Christen lassen sich ausnutzen. Sie spielen dem anderen in die Hände. Die Mitchristen wissen genau, daß dieser »Typ« nicht nein sagen kann. Er wird überfahren und mißbraucht. Die Leiterin der Pflegestation geht den Weg des geringsten Widerstandes. Wer nicht nein sagen kann, macht sich wehrlos.

Anmerkung 4: Schwester X belastet sich mit Aggression.
Der Nachgiebige, der nicht aus tiefer innerer Überzeugung nachgegeben hat, sondern aus Schwäche, schädigt seinen Organismus. Stille Wut und lautlose Aggression nimmt Schwester X nach innen. Diese Autoaggressionen sind gefährlich. Sie beeinflussen die Stimmung. Die Folgen können Depressionen sein – die Wut nach innen – oder Magen- oder Darmstörungen sowie Bluthochdruck.

Anmerkung 5: Welche Konsequenzen können eintreten?
Viele Menschen, dazu gehört auch Schwester X, leben in diesem ständigen Zusammenstoß zweier Interessen. Dieser Konflikt kann Menschen seelisch und körperlich zermürben.
– Die Unzufriedenheit mit sich selbst nimmt zu.
»Ich bin ein Schwächling, ich bin eine Niete, ich bin ein Versager!« Das Selbstbild leidet Schaden. Die negativen Selbsteinreden untergraben das Selbstwertgefühl.
– Die Unzufriedenheit mit sich selbst ergreift weitere Lebensbereiche.
Im Beruf treten immer mehr Spannungen auf, weil die persönliche Unzulänglichkeit auf andere übertragen wird. Der Glaube wird in Mitleidenschaft gezogen, weil die schweren Frustrationen die Innigkeit der Gottesbeziehung in Frage stellen.

Anmerkung 6: Schwester X besitzt keine Identität.
Wer identisch ist, stimmt mit sich überein. Reden und Handeln sind eins. Die innere und äußere Einstellung sind stimmig. Der Mensch ist im Gleichgewicht. Er ist ausgeglichen und lebt weitgehend mit anderen harmonisch. Wer anders fühlt und empfindet, lebt mit sich im Bürgerkrieg. Und dieser Kampf führt zu Zorn und Aggression gegen sich und andere.

In der Bergpredigt macht Jesus uns darauf aufmerksam, daß unsere Rede Ja oder Nein beinhalten soll. Er ermutigt zu einer klaren Haltung, die Widersprüche vermeidet. Wer ja sagt und nein denkt, wird zerrissen. Daß diese Zerrissenheit Aggressionen nach innen lenkt, ist logisch.

Aggressiv explodieren

Das kommt immer wieder vor. Was ist in der Regel geschehen? Die aggressive Explosion ist kein Blitz aus heiterem Himmel. Die Explosion hat mit Sicherheit eine Vorgeschichte.

Menschen, die sich nicht behaupten können, schlucken und sammeln »Rabattmarken«. Sie wollen nicht anecken, wollen keinen Ärger hervorrufen, wollen sich nicht blamieren und schweigen. Sie schweigen nicht nur aus weiser Überlegung, sie schweigen aus Schwäche. Angepaßte, Streit vermeidende, konfliktscheue und über-artige Menschen wehren sich nicht. Sie schlucken und leiden, machen gute Miene zum bösen Spiel. Im Handumdrehen sammeln sich viele Unzufriedenheiten und heizen die Situation an. Dann genügt eine Kleinigkeit, und das Faß läuft über. Der explosive Knall ist unangemessen, übertrieben, feindselig und kann zerstörerisch wirken. Überschießende Aggressionen sind Schwäche. Sie verraten Feigheit, unangemessenes Schweigen, falsche Anpassung und Rückzugsverhalten. Und die Folge:

Der ängstliche Mensch, der zu lange geschwiegen und geschluckt hat, der plötzlich wütend und haßerfüllt seine angestaute Wut herausschleudert, bekommt gewaltige Schuldgefühle. Der Kreis schließt sich: Aggression und Schuldgefühle bedingen einander. Wir können den Teufelskreis nur durchbrechen, wenn wir lernen,
– liebevoll und angemessen,
– klar und deutlich,
– ehrlich und eindeutig,
– angstfrei und nicht ausweichend Stellung zu beziehen.

Aggression und Borderline

Da es *die* Aggression nicht gibt, muß jedesmal gründlich untersucht werden, was der Ratsuchende mit aggressivem Verhalten bezwecken will. Wir sollten den Begriff Aggression, wie das Wort im allgemeinen verstanden wir, als destruktives Denk- und Verhaltensmuster charakterisieren. Die »gekonnte Aggression«, wie Professor Mitscherlich das positive Herangehen des Kindes oder des Erwachsenen an Dinge, Situationen und Menschen kennzeichnet, sollten wir anders benennen. Sprechen wir lieber von Lebensmut, von Selbstvertrauen, von zupackendem Verhalten, von Neugier und Lebenszuversicht, den Herausforderungen des Lebens mutig zu begegnen. Diese Eigenschaften sind in der Tat gut und lebensnotwendig.

Was ist eine Borderline-Persönlichkeit?

Nun gibt es aber eine Aggressionsvariante, die wir gehäuft bei Borderline-Persönlichkeiten antreffen. Diese Menschen, besonders Frauen, sind sehr streitsüchtig, kämpferisch und aggressiv. Borderline-Menschen sind stimmungslabil, reagieren extrem widersprüchlich und können nicht konstruktiv mit Nähe und Distanz umgehen. Auf der einen Seite sehnen sie sich nach Nähe, Wärme und Liebe, auf der anderen Seite machen sie sofort alle Kontakte kaputt. Sie leben den verrückt klingenden Satz: »Ich hasse dich – verlaß mich nicht!«

Ist der geliebte Partner da, werden sie schnell aggressiv, und zwar verbal und handgreiflich. Ihre überhöhten Erwartungen werden aggressiv in Szene gesetzt. Zu den aggressiven Impulsen gehören auch Selbstmorddrohungen und Selbstmordversuche. Borderline-Persönlichkeiten werden von zwei widersprüchlichen Gefühlen bestimmt: von Haß und Selbsthaß.

In ihrer Kindheit wurden die Geleise für diese widersprüchlichen Gefühle gelegt.

Sie wollten geliebt, verstanden und angenommen werden, gleichzeitig erfahren sie Gleichgültigkeit, Unverständnis, Ablehnung und Abweisung.

Die Kinder und späteren Erwachsenen schwanken zwischen starker Sehnsucht nach Liebe und Aggression gegen die Lieblosigkeit der Eltern hin und her.

Auch in der Beratung müssen Seelsorger mit unberechenbaren Reaktionen der Ratsuchenden rechnen. Sie sind sehr verletzlich, leicht kränkbar und fühlen sich bei geringsten Anlässen unverstanden. In nicht einfühlbaren Situationen schreien sie los und verunsichern den Seelsorger. Ihre Aggression kommt für den Zuhörer aus dem Nichts.

Da ist Frau W., eine sehr temperamentvolle und gesprächige Dame. Sie ist verheiratet und hat zwei Kinder. Ihr Mann ist Ingenieur, ein ruhiger und eher kopfgesteuerter Mensch. Er denkt streng logisch und hat mit seiner Frau, die äußerst impulsiv und gefühlvoll reagiert, große Schwierigkeiten.

Zweimal war seine Frau schon in der psychiatrischen Klinik. Der Anlaß war jedesmal ein Selbstmordversuch. Die Diagnose der Klinikärzte lautete: Borderline-Störungen.

Frau W. unterliegt einem raschen Stimmungswechsel. Sie kann überaus freundlich sein, denn sie sehnt sich nach menschlicher Liebe und Annahme.

In einer Beratungsstunde sagt sie: »Ich schreie nach Liebe, und ich mache sie dauernd kaputt.«

Sie liebt ihren Mann über alles, wie sie sagt. Ich will es ihr glauben, und doch handelt sie gegen ihre Wünsche. Kaum hat ihr Mann das Haus betreten, gehen sofort verbale Attacken los. Es scheint, sie wird – wie aus heiterem Himmel – von panischängstlichen Gefühlen oder von intensiven aggressiven Angriffen heimgesucht. Sie findet überall ein Haar in der Suppe.

Sie fühlt sich nicht verstanden, sie fühlt sich nicht ernst genommen, sie fühlt sich von ihrem Mann übergangen.

Ihre Gefühle sind irrational, sie weiß es selbst, nicht annähernd objektiv überzeugend. Der Mann steht wie vom Donner gerührt seiner Frau gegenüber. Er fühlt sich ohnmächtig, hilflos und machtlos. Was er macht, ist falsch. Er empfindet das auch so und kann es in der Beratung formulieren: »Wie ich mich auch immer verhalte, es ist in ihren Augen falsch!«

Ihre Erwartungen sind uneinfühlbar. Tut er gar nichts, traktiert sie ihn plötzlich mit Fäusten. Aggressiv trommelt sie auf ihm herum. Ihr Hauptvorwurf lautet: »Du liebst mich nicht!«

Hat Frau W. ihre Wut und Aggression an ihm ausgelassen, bekommt sie rasende Schuldgefühle. Sie flieht enttäuscht über sich selbst aus dem Haus, setzt sich in ihr Auto und fährt »wie eine Verrückte« durch die Stadt oder übers Land. »Wie eine

Verrückte!«, so hat Frau W. ihr Verhalten selbst charakterisiert. »Kopflos und unbeherrscht«, das kann sie im nachhinein selbst beurteilen. Es handelt sich also um keine Geisteskrankheit. Die Borderline-Persönlichkeit weiß im allgemeinen genau, was sie tut.

Wie verstehen wir Frau W.'s Verhalten?

Es ist typisch für viele Borderline-Persönlichkeiten, daß sie ein aggressives Zusammenspiel mit Personen in engen Beziehungen pflegen. Vier Gedankenanstöße sollen den Hintergrund der Störung verdeutlichen.

1. Frau W. hat als Kind gelernt, Gefühle zu unterdrücken
Gefühle mußten beherrscht werden. Schlechte Gefühle waren »böse Gefühle«. So jedenfalls hörte Frau W. es ständig von ihrer Mutter. Sie lebte zwei Leben. Nach außen gefügig, gehorsam und lieb, und im Innern loderten aggressive Gefühle und Gedanken.

Sie verbündete sich mit einem Elternteil gegen den anderen. Tief in ihrem Innern entstand eine sogenannte »fünfte Kolonne«, die mit Haß, Wut und Aggression aufgeladen war.

Frau W. erlebte Selbsthaß, Verachtung und Ohnmacht. Feige reagierte sie auf ihre »seelische Selbstverstümmelung«. Sie war oft wütend, durfte die Gefühle nicht zeigen, schämte sich, reagierte mit Schuldgefühlen und Ohnmacht.

2. Frau W. hat keine richtige Identität
Wer so zerrissen ist, wer sich nicht lieben und akzeptieren kann, leidet unter Identitätsstörungen. »Ich habe überhaupt keine Identität. Ich habe überhaupt kein Gefühl für mich selbst.«

Sie kann unerhört liebenswert sein. Ihre Kreativität ist groß. Sie töpfert Vasen von eigenwilliger Schönheit. Gleichzeitig hat sie zerstörerische Tendenzen. Urplötzlich hat sie das Leben satt und möchte sterben. Sie ist Christin und kann eine

Stunde später über ihre Selbstmordabsichten lachen. Sie hat eine überstarke Sehnsucht nach Liebe, schlägt aber im nächsten Augenblick den Partner ins Gesicht. Ihr Stimmungswandel von freundlich zu aggressiv ist auffallend.

Sie wirkt auf den Berater wie ein Mensch mit zwei Seiten. Auf der einen Seite ist sie eine fröhliche, aktive und kreative Frau, auf der anderen Seite kauert da ein hilfloses kleines Kind, das resigniert ist und sich fürchtet. Die beiden Seiten können von einem Augenblick zum anderen wechseln.

3. Frau W. wurde von einem Onkel als Kind mißbraucht

Etwa vierzig Prozent der Borderline-Persönlichkeiten sind in ihrer Kindheit mißbraucht worden. Der Onkel von Frau W. wohnte mit im Haus. Weil die Eltern sich oft stritten, floh Frau W. aus Angst zu ihrem Onkel, an den sie sich anschmiegte. Diese seelische Verletzung hat ihr Leben zusätzlich erschwert. Nirgendwo fühlt sie sich sicher und geborgen. Keinem Menschen kann sie voll vertrauen. Auch in der Seelsorge ist sie offen und mißtrauisch zugleich. Der Seelsorger weiß nie genau, in welcher Gefühlslage sie sich gerade befindet.

Frau W. fühlt sich übersehen, nicht geliebt, im Stich gelassen und verraten. Und doch sehnt sie sich wie kein anderer nach wirklicher Liebe. Aus Angst, enttäuscht zu werden, geht sie aber jeder echten Zuneigung aus dem Weg. Wie sagt ihr Mann: »Aus ihr wird kein Mensch schlau!«

4. Frau W. hat eine widersprüchliche Erziehung erlebt

Sie hatte eine überstrenge Mutter und einen weichen, liebenswürdigen Vater. Allerdings war der Vater ein Chaot. Seine Stimmung änderte sich auch von einer Stunde zur anderen. Er war nicht verläßlich. Er trank Alkohol, randalierte, war lieb und häßlich zugleich. Frau W. war bei ihm nie sicher, wie sie seine Stimmung einschätzen mußte. Er drückte sie an sich und schob sie ohne ersichtlichen Grund von sich weg. Frau W. erlebte ein Wechselbad der Gefühle. Sie liebte und haßte ihn. Sie sehnte sich nach seiner väterlichen Liebe und war aus

Angst und Mißtrauen nicht in der Lage, seine Zuneigung zu ertragen. Die große Angst, verlassen, und die Angst, vereinnahmt zu werden, stehen sich bis heute diametral gegenüber.

Frau W. kann bis heute nicht richtig mit Aggressionen umgehen. Meist sind ihre Wutanfälle unkontrolliert und unangemessen. Sie macht »aus Mücken Elefanten«. Sie schlägt verletzend zu, bekommt riesige Schuldgefühle, verteidigt ihre Angriffe, die sie mit Fäusten und Füßen praktiziert hat, nimmt ihren Partner in den Arm und wendet sich gleichzeitig wieder von ihm ab. Frau W. hat einen »Wackelkontakt zu Menschen«. Liebessehnsucht und Aggression reichen sich die Hände.

Worauf muß der Seelsorger achten?

1. Der Seelsorger muß unbedingt vertrauenswürdig und verläßlich sein. Er darf sich nicht von den Stimmungsschwankungen selbst irritieren lassen. Er braucht eine übermenschliche Geduld, die er sich nur im Glauben schenken lassen kann.

2. Der Seelsorger muß sich in die widerstreitenden Ich-Zustände des Ratsuchenden hineinfühlen können, sonst verliert er den Ratsuchenden.

3. Der Seelsorger braucht Kenntnisse über diese Persönlichkeitsstörung und sollte dringend mit einem Psychiater oder Psychotherapeuten zusammenarbeiten. Neben dem Arzt ist aber eine verläßliche Seelsorge vonnöten.

4. Der Seelsorger muß dem Borderline-Menschen helfen, mit Gottes Beistand aus dem Zustand herauszukommen, in dem der Ratsuchende seit der Kindheit steckengeblieben ist.

5. Der Seelsorger braucht Gottes Beistand, um das Gefühlschaos und die aggressiven Impulse des Ratsuchenden aushalten zu können. Die Begleitung dauert sehr lange. Kurzfristige Erfolge sind – nach menschlichem Ermessen – nicht zu erwarten. Diese zerrissenen und identitätsschwachen Menschen brauchen unsere verläßliche Hilfe.

Aggression und Mißhandlung

Seit Mitte der achtziger Jahre wird das Problem der Mißhandlung und des Mißbrauchs von Kindern und Jugendlichen in der Öffentlichkeit stark beachtet. Die Zahlen, die der Arbeitskreis Jugendschutz, Familienberatungsstellen, die Kontaktstellen für Mädchen und Frauen, der Deutsche Kinderschutzbund und andere nennen, sind besorgniserregend. Wenn jemand geglaubt hat, in christlichen Kreisen und Gemeinschaften gäbe es nur vereinzelt Fälle solchen sexuellen und gewalttätigen Mißbrauchs, hat er sich geirrt.

Fachleute gehen davon aus,

- daß jedes dritte Mädchen und jeder neunte Junge unter 14 Jahren schon von Erwachsenen sexuell mißbraucht wurde;
- daß in den USA jährlich ca. über zwei Millionen Fälle von körperlicher Mißhandlung oder Vernachlässigung gemeldet werden;
- daß in Deutschland alle zwei Minuten ein Kind Opfer eines sexuellen Übergriffs wird;
- daß in Amerika jede vierte Frau sexuellen Mißbrauch erlebt hat;
- daß in Kanada jedes zweite Kind zwischen 8 und 10 Jahren sexueller Gewalt ausgesetzt war;
- daß über die Hälfte der Fälle von sexueller Gewalt in der eigenen Familie vorkommen;
- daß nach 1990 jedes Jahr über 15 000 Fälle sexuellen Mißbrauchs in der Bundesrepublik zur Anzeige kamen;
- daß die geschätzte Dunkelziffer in der Bundesrepublik bei 30 000 sexuell Mißhandelten liegt;
- daß 90 % gute Bekannte des Opfers sind, 77 % Väter, Stiefväter oder Partner der Mütter;

- daß die Dauer des Mißbrauchs durchschnittlich mehr als vier Jahre betrug;
- daß 58 % der Opfer nie etwas zu Hause sagten;
- daß im Durchschnitt sieben Ansprechpartner nötig waren, bevor die Mißbrauchten jemanden fanden, der sie ernst nahm.

Was ist Kindesmißhandlung?

Ganz allgemein wird unter Kindesmißhandlung eine destruktive und aggressive Praktik verstanden, die das körperliche, geistige und seelische Wohlergehen des Kindes beeinträchtigt und verletzt. Unterschieden werden folgende Formen der Mißhandlung:

1. Körperliche Mißhandlung
Von einem Erwachsenen wird ein Kind oder ein Jugendlicher bewußt und vorsätzlich körperlich verletzt. Die Verletzungen können durch Schlagen, durch Schütteln, durch Stoßen, durch Verbrennen, Verbrühen, Treten oder Würgen geschehen.

2. Vernachlässigung
Eltern und Erzieher, die ihr Kind seelisch, geistig und körperlich vernachlässigen. Sie lassen es links liegen, versäumen ihre Aufsichtspflicht und mißachten seine Gesundheit. Das Kind fühlt sich nicht angenommen. Es vermißt Zuwendung und Geborgenheit.

3. Seelischer Mißbrauch
Eltern und Erzieher greifen das Kind verbal an. Sie sperren das Kind im Keller, im Schrank oder in der Besenkammer ein. Sie verhängen extreme Strafen und praktizieren unmenschlichen Liebesentzug. Kinder nehmen Drogen und Alkohol, und die Erzieher lassen sie gewähren.

4. Sexueller Mißbrauch

Sexueller Mißbrauch besteht dann, wenn sich ein Erwachsener einem Kind mit der Absicht nähert, sich sexuell zu erregen und zu befriedigen. Sexueller Mißbrauch ist nicht eine gewalttätige Form der Sexualität, sondern eine sexuelle Form von Gewalt. Sexueller Mißbrauch geschieht mit Abhängigen. Das Kind kann den Vorstellungen des Erwachsenen nicht zustimmen. Der Erwachsene trägt immer die Verantwortung für sein Tun. Sexueller Mißbrauch bei Kindern ist strafbar. Ist eine Anzeige gegen den Straftäter ergangen, muß gegen den Täter ermittelt werden. Die Kinder sind nicht in der Lage, die sexuellen Kontakte zu verstehen. Es handelt sich in der Regel nicht nur um Blutschande, sondern um einen gefährlichen Vertrauens- und Machtmißbrauch.

Zum sexuellen Mißbrauch gehören auch
- das Zeigen von Aktphotos, von pornographischen und perversen Bildern;
- das Benutzen des Opfers als Modell für pornographische Fotos;
- das Berühren des Kindes, um es sexuell zu stimulieren;
- das Vergewaltigen von Kindern und Teenagern, indem sie oral, anal oder vaginal mißbraucht werden.

Was zählt alles zum Mißbrauch?
- Schädigen, Schaden zufügen,
- mißhandeln, grob behandeln,
- weh tun, verletzen,
- benutzen, ausbeuten, ausnutzen,
- diffamieren, beleidigen,
- entwürdigen,
- malträtieren, verderben,
- zerstören, verdinglichen,
- schmähen, fluchen,
- verleumden,
- bedrängen, beschwören,
- Grenzen überschreiten,

- zwingen, sich aufzwingen,
- vergewaltigen,
- beschmutzen, besudeln,
- zum Objekt machen.[53]

Was kennzeichnet die Täterpersönlichkeit?

In der Mehrzahl der Fälle – man spricht von 80 bis 95 % – sind die Täter männlich. Das Bild, das manche Erzieher den Kindern vermitteln ist: Der »böse Onkel« kommt als Fremder, der nicht richtig im Kopf ist, der alt und verwahrlost erscheint. Vielleicht ist er sogar drogen- und alkoholsüchtig. Die Charakterisierung entspricht absolut nicht den Tatsachen.
- Männer, die Kinder sexuell mißbrauchen, sind häufig schwache und unsichere Persönlichkeiten;
- diese Männer verstecken ihre innere Bedürftigkeit hinter der Fassade der Stärke;
- diese Männer leiden offensichtlich an einem Defizit an Männlichkeit;
- diese Männer fühlen sich häufig als Opfer von schlechten Umständen, wenn Gerichtsverfahren eingeleitet sind;
- diese Männer suchen möglicherweise nicht in erster Linie sexuelle Erlebnisse, sondern Bestätigung und Anerkennung;
- diese Männer befriedigen in erster Linie Machtgelüste, sie benutzen dazu sexuelle Stimulierung, weil sexuelle Potenz mit Männlichkeit identifiziert wird;
- diese Männer rechtfertigen sich, daß sie Liebe, Zärtlichkeit und Nähe von ihrer Partnerin oder Frau nicht erhalten hätten;
- diese Männer zeigen sich dem Kind gegenüber als groß, stark und mächtig. Damit kompensieren sie ihre eigene Schwäche, Kleinheit und Unzulänglichkeit;
- diese Männer erzwingen sich vom Kind, das dem Täter ausgeliefert ist, die »Perversitäten«, die sie sich bei ihren Partnern nicht erlauben dürfen;

- diese Männer haben in der Kindheit oft Demütigungen, Kränkungen und Enttäuschungen erleben müssen, die sie am kindlichen Ersatzpartner abreagieren;
- diese Männer haben eine versagende und das Selbstwertgefühl zerstörende Sozialisation erfahren, sie führten ein Leben im Verbotenen;
- die Männer verkleiden ihren Mißbrauch, indem sie von väterlicher Fürsorge und von Aufklärung reden;
- diese Männer schieben nicht selten die »Verführung« auf das Kind, damit lehnen sie Schuld und Verantwortung für ihre Taten ab;
- diese Männer schieben auch die Schuld auf ihre prüde und sexabweisende Partnerin und Ehefrau, die sie lange frustriert habe;
- diese Männer finden sich in allen sozialen Berufen wieder, nach außen kennzeichnet sie nichts Auffälliges;
- diese Männer benutzen in erster Linie den familiären Raum, wo Kinder Geborgenheit, Sicherheit und Wärme suchen;
- diese Männer benutzen ihre Macht, um Kinder und Jugendliche in ihre Gewalt zu bringen, Kinder müssen sich unterordnen, und diese Unterordnung verlangen sie in der Regel;
- diese Männer haben oft Frauen, die stille Mitwisserinnen sind, viele Ehefrauen schweigen, weil sie sich sexuell entlastet fühlen;
- diese Männer werden nicht Straftäter, weil ihre sexuelle Triebhaftigkeit unbezähmbar ist, sie werden Triebtäter, weil sie gezielt Vertrauen ausbeuten und die Abhängigkeit der Kinder ausnutzen;
- diese Männer sind nicht selten frustrierte, erniedrigte und gedemütigte Kinder gewesen, die ihre Wut, ihren Zorn und ihre Haßgefühle in sexuellem Mißbrauch abreagieren.

Wut, Zorn und Verbitterung des Opfers

Versetzen wir uns einmal in das Opfer des Mißbrauchs hinein. Wieviel Enttäuschung und Verbitterung müssen in einem Menschen gespeichert sein, der Zuwendung, Liebe, Geborgenheit und Wärme von seinen Eltern erwartete und statt dessen ausgebeutet und mißbraucht wurde. Das Kind fühlt sich in seinem Vertrauen beraubt. Es spürt genau, daß etwas nicht stimmt. Nicht wenige Kinder reagieren verwirrt. Angst und Liebe, Wut und Liebe wechseln einander ab.

Wie können die seelischen und psychosomatischen Folgen aussehen?
- Das Kind reagiert mit Eßstörungen.
- Das Kind reagiert mit Schlafstörungen.
- Teenager fliehen in die Anorexia nervosa (Pubertätsmagersucht).
- Kinder produzieren Asthmaanfälle.
- Andere reagieren mit Sprachstörungen, auch mit Legasthenie.
- Kinder und Erwachsene leiden unter Hauterkrankungen.
- Kinder und Erwachsene praktizieren autoaggressive Handlungen. Sie reißen sich Haare aus. Sie beißen sich in Arme und Hände.
- Kinder und Erwachsene beschäftigen sich mit Suizid-Drohungen und mit Selbstmordphantasien.
- Kinder und Erwachsene werden von Phobien und Depressionen heimgesucht.
- Sie haben kein Vertrauen, sind mißtrauisch gegen sich und andere.
- Sie leiden unter Identitätsstörungen.
- Sie zeigen als Kinder und Erwachsene ein instabiles Selbstwertgefühl.
- Sie neigen zur »Identifikation mit dem Aggressor«. Dieser Abwehrmechanismus gehört zu den Selbstschutzmaßnahmen, um sich zu schützen und um die Liebe nahestehender

Personen, die den Mißbrauch praktizieren, nicht ganz zu verlieren.

- Dauerndes regressives Verhalten: Es beinhaltet Rückzug von der Familie, Rückzug in die Isolation und Einsamkeit.
- Viele Kinder und spätere Erwachsene fühlen sich ihr Leben lang schuldig, daß sie selbst an dem Mißbrauch beteiligt waren.

Unterdrückte Wut und Feindseligkeit können sich gegen andere Menschen richten, sie können auch in Depressionen, in geringem Selbstwertgefühl, in einem Gefühl von Scham und Schuld, in Selbstverstümmelung und Selbstmordgedanken enden.

Wut, Zorn und Enttäuschung über den sexuellen Mißbrauch können aber auch zu Dissoziationen führen. Dissoziationen sind Abspaltungen von Gedanken und Ideen, um sich von dem traumatischen Geschehen in der Kindheit zu distanzieren. Das Opfer flieht in eine Welt, die nicht real ist, um sich vor Selbstmord oder Mord zu schützen. Die Dissoziation kann so weit gehen, daß mehrere Persönlichkeiten oder Persönlichkeitszustände im Opfer produziert werden. Wut und Aggressionen gegen den Täter werden umgeleitet.

Gewalt in der Ehe

Gewalt in der Familie ist verbreitetste Form von Gewalt. Die Dunkelziffer ist sehr hoch. Nach Schätzungen des Bundesministeriums für Jugend, Frauen, Familie und Gesundheit (BMJFFG, 1990) werden allein in den alten Bundesländern pro Jahr

- vier Millionen Frauen von ihren Ehemännern mißhandelt und 500 000 Kindesmißhandlungen verübt.
- Das österreichische Familienministerium (1991) geht davon aus, daß mindestens jede fünfte in einer Beziehung lebende Frau Opfer körperlicher Gewalt wird und mindestens jede zweite Frau in ihrem näheren Umfeld einen Fall von körperlicher Gewalt in einer Beziehung kennt.
- US-Zahlen gehen davon aus, daß jede siebte Frau mindestens einmal in der Ehe vergewaltigt wurde.
- Gewalt in Partnerschaft, Ehe und Familie wird weithin tabuisiert.

Der Diplompsychologe Uli Rimmler aus Hamburg beschreibt den »Gewaltkreislauf«, wie er häufig in Ehen und Partnerschaften stattfindet. In der Regel stehen ungelöste Konflikte und partnerschaftliche Schwierigkeiten im Hintergrund.

Phase 0: Akute Gewalt
In der Regel ist es der Mann, der sich Entlastung verschafft. Gefühle der Angst und der Ohnmacht werden dabei abgewehrt. Im Hintergrund steht emotionaler Druck.

Phase 1: Selbstkontrolle setzt wieder ein
Der Mann hält inne und erlebt, daß nicht viel fehlt und er hätte noch einmal zugeschlagen. Er spürt Entsetzen und Schrecken. »Was habe ich nur getan?« Er kommt zur Besinnung.

Phase 2: Der Mann empfindet Reue
Er sieht die Verletzungen der Partnerin, und es tut ihm leid, was er getan hat. Er beginnt, sich zu entschuldigen. Er sucht nach allen möglichen Erklärungen. Er verspricht ihr, daß das niemals mehr vorkommen soll. Er redet auf die Partnerin ein, bis sie einlenkt. Vielleicht schenkt er ihr auch Blumen oder ein Armband und versucht, so »die Sache« wiedergutzumachen.

Phase 3: In der Ehe herrscht Ruhe
Nach der Gewalt und der Reue des Mannes herrscht vorübergehend Ruhe in der Partnerschaft. Der Mann verhält sich zuvorkommend und freundlich. Er ist um ein gutes Klima in der Ehe bemüht. Er denkt: »Es war nicht gut, was ich getan habe, aber sie hat sich auch falsch verhalten. Sie weiß doch ganz genau, daß sie dies oder jenes nicht sagen darf!« Mit solchen Gedanken entlastet sich der Mann von seinen Schuldgefühlen.

Phase 4: Beide Partner schweigen über den Vorfall
Die Gewaltanwendung wird ignoriert. Vielleicht reden sie auch einige Tage nicht miteinander. Der Alltag nimmt seinen Lauf. Eine Aufarbeitung der Probleme findet nicht statt. Die Hintergrundschwierigkeiten werden verdrängt oder verleugnet.

Phase 5: Alles scheint wieder in Ordnung
Gras scheint über alle Schwierigkeiten gewachsen zu sein. Frieden und Harmonie scheinen in der Ehe wieder eingekehrt zu sein. Beide sind einigermaßen zufrieden. Beide reden sich ein, daß die Ehe auch Schwierigkeiten beinhaltet.

Phase 6: Neue Aggressionen bauen sich auf
Die Konflikte wurden ja verdrängt und nicht bearbeitet. Es ist eine Frage der Zeit, bis die alten Wunden wieder aufbrechen. Beide Partner haben sich nicht klargemacht, welche Enttäuschungen sie sich bereiten. Beide wissen nicht, womit sie dem anderen Probleme aufbürden.

Phase 7: Eine neue Eskalation entsteht
Auslöser für neue Eskalationen gibt es genügend. Worte, Gesten oder bestimmte Handlungen können das Faß zum Überlaufen bringen. Wut und Aggressionen sind angestaut.

Phase 0: Ein neuer Gewaltakt erfolgt
Viele Gewalttäter verstehen sich selbst nicht. Ihre Aggressionen sind ihnen unbegreiflich.[54]

Motive für Gewaltpraktiken der Männer

1. Gewaltpraktiken sind zur Gewohnheit geworden
Sich »handfest« durchzusetzen wurde seit Jahren in der Ehe praktiziert. Auch in der Ursprungsfamilie waren gewalttätige Handlungen an der Tagesordnung.

2. Gewaltpraktiken werden von der Partnerin geduldet
Es ist keine Frage, daß Männer ihr gewalttätiges Handeln beibehalten, wenn Ehefrauen oder Lebenspartner diese Praktiken dulden. Nicht wenige Männer vermuten: »Die Frau will es so.«

3. Männer müssen Leidensdruck erleben, bevor sie etwas ändern
Frauen, die schweigen und schlucken, stimulieren ihre Partner unbewußt, die gewalttätigen Praktiken beizubehalten. Partnerinnen müssen ernsthaft bereit sein, Konsequenzen anzumelden: Trennung, gemeinsame Gespräche mit Fachberatern.

4. Ohne Seelsorge und Beratung wiederholen Männer gewalttätige Beziehungen

Es ist durchaus möglich, daß Männer mehrere Ehen und Beziehungen abbrechen und immer wieder zu gewohnten Gewaltpraktiken zurückkehren. Gewohnte Umgangsmuster sitzen tief.

5. Männer erleben Angst und Ohnmacht und kompensieren mit Gewalt

Viele Männer erleben sich schwach und hilflos. Ihre falschen Männlichkeitsvorstellungen verbinden sie mit Aggressionen und Gewalt.

6. Männer haben in der Ursprungsfamilie Gewaltpraktiken erlernt

Machtdemonstrationen und Gewaltpraktiken in der Ursprungsfamilie spielen eine Hauptrolle bei der Entstehung und Motivation von Gewaltanwendung. Väter und Großväter demonstrierten, wie sie sich gewaltsam gegenüber Familienangehörigen durchsetzten. »Das Lernen am Modell« spielt in der Gewaltpraxis der heranwachsenden Männer eine große Rolle.

7. Männer nehmen ihre Gewalt nicht wahr

Ihr aggressiver Stil wird von ihnen nicht wahrgenommen. Sie haben sich so an verbale oder »handfeste« Gewalt (Schubsen, Stoßen) gewöhnt, daß sie zu dickfellig geworden sind, um darin Gewaltanwendung zu sehen. Schon in der Ursprungsfamilie waren diese Umgangsmuster üblich und wurden stillschweigend hingenommen.

8. Viele Männer schieben die Schuld auf den Partner

Eine Praxis, die seit dem Sündenfall im Paradies bekannt ist. Die Schuld wird auf den anderen geschoben. »Du hast mich wütend gemacht. Du hast mit dem Streit angefangen.«

9. Viele Männer schlagen, statt mit dem Partner zu reden
Von klein auf haben sie es nicht gelernt, sich verbal zu artikulieren. Sie reden mit den Fäusten. Gewalttätigkeit ist ein Zeichen von Sprachlosigkeit. In der Seelsorge und in der Beratung müssen sie lernen, ihre Gefühle, ihre Bedürfnisse und Wünsche zu artikulieren.

10. Viele Männer potenzieren ihre Gewalt durch Alkohol
Alkohol spielt bei Gewaltanwendungen eine bevorzugte Rolle. Alkohol ist zwar kein spezieller Gewaltverstärker, aber er senkt die Hemmschwelle. Aggressive Gefühle werden lauthals und gewalttätig zur Sprache gebracht.

Wie sagte Wilhelm Busch: »Wer Sorgen hat, hat auch Likör!«

Sorgen, Probleme und eheliche Schwierigkeiten machen anfällig, die Konflikte im Alkohol zu »ersäufen«.

Fragen zur Selbstprüfung

– Wenn Sie unzufrieden und ärgerlich sind, haben Sie den Mut, diese Probleme mit dem Partner anzusprechen?
– Was hindert Sie, offen und ehrlich mit dem Partner über Bedürfnisse zu sprechen?
– Sind Sie ein Konfliktvermeider, der lieber schweigt und die Enttäuschung nach innen nimmt?
– Neigen Sie zur Gewalt, um Ihre Wünsche und Bedürfnisse mit aggressiven Worten oder mit Macht durchzusetzen?
– Haben Sie sich in der Ehe daran gewöhnt, daß Ihr Partner seine Wünsche mit Drohungen, Erpressungen oder handgreiflich durchsetzt?
– Haben Sie Ihren männlichen Partner durch Schweigen ermutigt, Gewalt anwenden zu dürfen?
– Wollen Sie mit Gewalt Ihrer Partnerin Angst einjagen?
– Wollen und müssen Sie bestimmen, recht behalten und führen? Notfalls mit Angsteinjagen und Gewalt?

- Gab es in Ihrer Herkunftsfamilie Gewaltpraktiken, die Sie übernommen haben? Welche Beziehungen gibt es zwischen Gewaltpraktiken in der Ursprungsfamilie und den gegenwärtigen Gewaltmustern?
- Welche *destruktiven* Schritte haben Sie unternommen, um den Partner von der Gewaltanwendung abzubringen?
- Welche *konstruktiven* Schritte haben Sie als Partnerin unternommen, um die Gewaltakte in der Beziehung zu beenden?
- Sind Sie beide bereit, in einer Fachberatung ihre Probleme und Schwierigkeiten vorzutragen und zu bearbeiten?

Aggression in der Ehe

Rechtsanwalt Fuchs hat seine Frau zusammengeschlagen. Der Anwalt ist ein sehr dynamischer und agiler Mann von 45 Jahren. Man sagt von ihm, daß er fast nie einen Prozeß verliert. Wie ein Löwe kämpft er für seine Mandanten. Nicht umsonst hat man ihm den Spitznamen »Pittbull« gegeben. Pittbullterrier sind äußerst aggressive Kampfhunde.

Verliert er aber doch mal einen Prozeß, reagiert er einige Tage und Wochen unausstehlich. Bedrückt und geschlagen läuft er herum. Sein Lebensgefühl hat einen Tiefpunkt erreicht. Er läßt sich trösten. Nachts liegt er stundenlang wach und geht das Prozeßgeschehen Abschnitt für Abschnitt durch, um sich seine Fehler klarzumachen, die ihm auf keinen Fall wieder unterlaufen dürfen. Seine Frau sagt von ihm: »Er ist ein Prozeßperfektionist.« Wochenlang hat er einen bedrohlich hohen Blutdruck, den er dann medikamentös mit Blutdrucksenkern angeht.

Seine Frau ist lieb und anlehnungsbedürftig. Beide sind seit 18 Jahren verheiratet und haben zwei Kinder von 14 und 16 Jahren.

Herr Fuchs ist sehr ehrgeizig, hat eine gutgehende Praxis und ist nicht selten bis abends spät im Büro beschäftigt. Sie wohnen am Rande der Stadt in einer vornehmen Villa. Die Frau hat viel Angst in dem großen Haus und bedrängt ihren Mann, alle Fenster und Türen sorgfältig am Tag und nachts zu verschließen.

Eines Abends kommt es zu einem Streit zwischen den Eheleuten, der Mann verliert die Beherrschung und schlägt seine Frau zusammen. Sie schreit durch das Haus, die Kinder werden wach und stellen sich schützend vor ihre Mutter.

Beide Eheleute sind bewußte Christen und gehören einer Freikirche an. Der Mann ist über seine Aggression bestürzt und bittet seine Frau innig um Vergebung. Er kann sich die überschießende Aggression nicht erklären und entschuldigt sich mit der Bemerkung: »Die Hände sind mir ausgerutscht.«

Noch am Abend sucht er den Seelsorger der Freikirche auf und bittet ihn um ein Beichtgespräch. Da ihm das Schlagen seiner Frau leid tut, spricht ihn der Seelsorger im Namen Jesu die Vergebung zu. Herr Fuchs verspricht seiner Frau hoch und heilig, so etwas werde sich nicht wiederholen. Doch drei Wochen später rutschen Herrn Fuchs wieder die Hände aus. Die Schläge mit seinen Fäusten sind diesmal noch härter und brutaler. Seine Frau trägt eine Reihe blauer Flecken davon und gerät plötzlich in namenlose Angst und Panik, wenn sie mit ihm allein ist.

So lerne ich Herrn Fuchs kennen. Er hat seine Praxis für einen Tag geschlossen. Verzweifelt und fassungslos steht er vor seinem unkontrollierten Verhalten.

»Ich möchte wissen, was gespielt wird«, sagt er, »so kann es nicht weitergehen. Was ist in mir – oder in unserer Ehe –, daß so etwas passiert? Ich habe keine Ahnung, was abgelaufen ist.«

Seine Frau ist mitgekommen, sitzt aber zwei Meter von ihm entfernt und sieht ihn aus großen, ängstlichen Augen an.

Ich nehme mit ihr Kontakt auf. Sie sagt: »Ich kann mir das nicht erklären. Noch nie war er so in unserer Ehe. Sicher, ich kenne ihn, er kann sehr aggressiv und unbeherrscht sein. Wir haben oft Meinungsverschiedenheiten. Auch verbal haben wir uns schon mal gefetzt. Aber solche Handgreiflichkeiten wie in den letzten Wochen, das gab es bei uns nicht.«

Dann erzählt sie, daß einige Wochen vor den aggressiven Attacken ihres Mannes bei ihnen eingebrochen wurde, und ihre Angst habe sich massiv gesteigert. Ich frage, ob sich mit dem Einbruch im ehelichen Zusammenleben etwas geändert habe? Frau Fuchs bestätigt: »Ja, ich habe extrem ängstlich reagiert. Abends habe ich mich an meinen Mann gepreßt und ihn beschworen, Haus und Grundstück einbruchsicher zu schützen. Ich habe auf ihn eingeredet wie eine Verrückte.« Ihr Mann nickt nachdenklich.

Ich: »Und wie haben Sie das erlebt, Herr Fuchs?«

»Bedrohlich, ausgesprochen bedrohlich. Ich bin im Prinzip geduldig. Aber wenn ich an die Wand gespielt werde, dann kenne ich mich nicht wieder.«

Aus vielen Beratungsgesprächen mit aggressiver Problematik bei Kindern, Jugendlichen und Erwachsenen habe ich diese Geschichte ausgewählt, um zu zeigen,
– wie Aggressionen sich entwickeln können,
– wie aggressive Handlungen einzuordnen und zu verstehen sind,
– wie wir in der Seelsorge und Beratung Gewaltphänomene analysieren können,
– wie wir als Christen mit destruktiven Reaktionen umgehen und fertig werden.

Gott hat uns keinen Zerstörungstrieb in die Wiege gelegt. Gott hat in die Schöpfung des Menschen keinen destruktiven Aggressionstrieb hineinprogrammiert.

Seelsorgerliche und beraterische Hinweise für die Arbeit mit aggressiven Menschen

Es folgen acht seelsorgerliche und beraterische Hinweise für die Arbeit mit aggressiven Menschen im allgemeinen und für die spezielle Beratung mit dem Ehepaar Fuchs.

Hinweis 1: Wir betreiben eine aufdeckende Seelsorge

Konflikte in der Einzelperson, in der Ehe und der Familie dürfen nicht einfach zugedeckt werden, wenn eine Krise die Betroffenen heimsucht. Wer zudeckt, verhindert, daß die wahren Motive dem Betroffenen vor Augen stehen. Wenn wir die Ursachen und verborgenen Absichten der Aggression bei Herrn Fuchs nicht ans Licht bringen, wird er in der Regel immer wieder schuldig werden. Die zornigen Gedanken und Gefühle, die in ihm leben, die seine Hand ausrutschen lassen, bleiben undurchschaubar. Herr Fuchs hat diesen kritischen Punkt erkannt und fragt konkret nach den Hintergründen und versteckten Motiven. Gott selbst deckt zu, wenn vor ihm und untereinander die Vergehen konkret beim Namen genannt, wenn die Motive eindeutig erkannt wurden und die gegenseitige Vergebung ausgesprochen wurde. Wenn wir voreilig zudecken, verschleiern wir als Seelsorger und Berater die wahren Quellen der Probleme.

Hinweis 2: Beide Partner suchen nach Möglichkeit die Seelsorge auf

Die Ehe ist ein System. Beide Partner gehören zusammen. Zwei Menschen haben sich gesucht und gefunden. Zwei Menschen haben sich ihr Jawort gegeben. Beide spielen unbewußt Hand in Hand. Darum ist das Verhalten des einen ohne die Reaktion des anderen nicht zu verstehen. Beide interagieren verbal und nonverbal zusammen. Ehepartner ergänzen sich, brauchen einander und mißbrauchen sich leider auch. Das Denken, Fühlen und Handeln der beiden ist unauflöslich verzahnt. »Wie ich in den Wald hineinrufe, so schallt es heraus.« Ein wahres Sprichwort, das auch das Zusammenspiel zweier Menschen charakterisiert.

Wer nur mit einem Partner spricht, erfährt seine subjektive Sicht des Konflikts. Der Beziehungszündstoff, den beide geliefert haben, bleibt im dunkeln.

Seelsorger und Berater sollten darum bemüht sein, beide Partner für gemeinsame Gespräche zu gewinnen. Auch wenn ein Partner in der Optik der anderen und der Gemeinde der Hauptschuldige ist, sollten beide Eheleute sich für Gespräche mit dem Seelsorger oder Berater entscheiden. Die meisten Konflikte sind Beziehungskonflikte.

Hinweis 3: Wir müssen zwischen Symptomen und Motiven unterscheiden

Symptome sind *Krankheitsanzeichen,* nicht die Krankheit oder die Störung selbst.
– Aggressionen sind *Symptome*, niemals das eigentliche Problem.
– Aggressionen sind die *Oberfläche*, die Motive der Aggression sitzen tiefer.
– Aggressionen sind die *Folge* einer irrigen privaten Logik.
Was hat nun die Aggression von Herrn Fuchs ausgelöst?
Wie definiert Herr Fuchs selbst seine Motive, die ihn zuschlagen ließen?

Was hat ein negativer Aggressionsdurchbruch mit den Lebensgrundüberzeugungen des Herrn Fuchs zu tun? Wie lauten die Überzeugungen – die völlig falsch sein können –, die Herrn Fuchs zum Schlagen reizten? Welche Gedanken kreisten in seinem Kopf, als die Fäuste redeten? Gibt es Verhaltensmuster in Frau Fuchs, die bewußt oder unbewußt die aggressiven Impulse verstärkt haben?

Diese oder ähnliche Fragen müssen geklärt werden, wenn der Seelsorger und beide Eheleute sich über die wirklichen Hintergründe der Aggression austauschen.

Hinweis 4: Herr Fuchs ist ein Perfektionist

Seine Frau hat ihn mit einem Wort treffend charakterisiert: »Er ist ein Prozeßperfektionist.« Prozesse sind seine Welt, ja, sie sind sein Leben. In einer Hausaufgabe, die ich beiden Eheleuten nach dem ersten Seelsorgegespräch zugemutet hatte und die darin bestand, die Priorität ihres Lebens zu bestimmen, kam Herr Fuchs in arge Bedrängnis. Ehrlich legte er den Zettel auf den Tisch, auf dem er die Rangordnung seiner lebenswichtigsten Aspekte formuliert hatte. Als erstes hatte er schnell und selbstbewußt »Gott« an die Spitze gesetzt. Dann folgten die Arbeit, die Ehefrau, die Kinder, die Gemeinde. In einem zweiten Arbeitsgang, der zur Aufgabe gehörte, in dem Herr Fuchs noch einmal betend die Reihenfolge kontrollierte, setzte er Gott hinter die Kinder. Plötzlich wurde ihm bewußt: »Die Arbeit beansprucht die Priorität in meinem Leben!« Der Sinn seines Lebens ist nicht Gott, sondern die Arbeit. Aber auch diese Definition ist nicht korrekt. Denn nicht die Arbeit gibt seinem Leben die Erfüllung, sondern die Anerkennung und Bestätigung. Nur wenn er Prozesse gewinnt, gilt sein Name in der Region. Er strebt danach, zu den meistgenannten und empfohlenen Anwälten des Landes zu gehören. Deutlich wird: Arbeit und Perfektionismus werden benutzt, um sich einen Namen zu machen.

Die Arbeit wird nicht nur sauber und gut gemacht, nein, sie wird perfektionistisch erledigt. Auf vielen anderen Gebieten ist er kein Perfektionist. Sein Büro ist alles andere als perfekt organisiert. Haus und Garten sind für ihn zweit- und drittrangig. Sein großes Auto ist innen schmutzig, im Kofferraum herrscht ein großes Durcheinander. Aber jeder soll wissen, mit wem er es zu tun hat. Der Mercedes ist das teuerste Modell, das im Augenblick auf dem Markt ist.

Was beinhaltet der Perfektionismus? Wozu hat sich Herr Fuchs diese Lebenseinstellung zugelegt? Auch Perfektionismus ist ein Symptom. Das »eigentliche Motiv« steht woanders. Perfektionismus wird benutzt. Und wozu?

»Ich will mir einen Namen machen!«

»Nur durch Perfektionismus im Prozeßgeschäft steche ich die Konkurrenz aus!«

»Ich bin der Teuerste unter den Kollegen, aber die Investitionen zahlen sich aus.«

Perfektionismus steht nicht im Dienst der Sache. Es geht nicht in erster Linie um die Mandanten mit ihren Problemen, sondern um das Image und um den Namen des Anwalts.

Egoismus und Selbstherrlichkeit sind der Treibstoff, der die Aggression steigert. Unterlegenheitsgefühle, selbst dem Partner gegenüber, stürzen den Anwalt in eine schwere Krise. Er muß – komme, was da wolle – überlegen sein. Unterlegenheit macht ihn aggressiv.

Hinweis 5: Die Motive für das Zusammenschlagen müssen geklärt und präzise benannt werden

Frau Fuchs schildert, daß möglicherweise der Einbruch im Haus der Eheleute eine Veränderung im ehelichen Zusammenleben ergeben hat. Wir untersuchen die Veränderungen in der Ehe, von der beide Partner sprechen.

Herausgearbeitet wird: Die Angst der Frau, die vorher schon ein normales Maß überschritten hat, wird durch den Einbruch gesteigert. Die Folgen sind:

Sie klammert sich an ihn. Sie beschwört ihren Mann. Sie redet auf ihn ein – wie eine Verrückte.

Ihr Ehemann erlebt dieses Klammern und die »verbale Beschwörung« als Bedrohung. Unklar bleibt, was er als besonders unangenehm und bedrohlich beurteilt.

Ein weiterer Gesprächsabschnitt erhellt, daß die Bedrohung in folgendem bestand:

»Sie argumentierte so überlegen und wirkungsvoll, daß mir die Spucke wegblieb!«

»Gegen ihre Argumente war ich hilflos und machtlos!«

»Ihre Argumente nagelten mich an die Wand.«

In den Sätzen der Frau und den Sätzen des Mannes spiegelt sich die Eskalation der Aggression wider. Wie lauten die bis dahin verdeckten Motive für die aggressiven Attacken des Mannes? Der Gesprächsaustausch ergibt:

»Wenn mich jemand argumentativ überflügelt, gerate ich in Panik. Es entsteht eine unsagbare Angst, die sich aggressiv entlädt.«

Jetzt ist das Motiv klar definiert, und es deckt sich mit den Lebensgrundüberzeugungen und Leitideen des Anwalts. Formulieren wir noch einmal die Zusammenhänge:
- Man sagt von ihm, daß er fast nie einen Prozeß verliert. Wie ein Löwe kämpft er für seine Mandanten.
- Nicht umsonst hat man ihm den Spitznamen »Pittbull« gegeben. Pittbulls geben nicht auf. Sie lassen nicht locker. Sie kämpfen, bis sie unter Umständen selbst auf der Strecke bleiben.
- Herr Fuchs weint, als ich diese beiläufig genannten Gedanken erwähne. Für das Mosaik einer Persönlichkeit sind diese Informationen wichtig. Herr Fuchs kann nicht unterliegen. Er muß siegen. Oder er schlägt »den Gegner« zusammen. Daß er selten oder nie einen Prozeß verliert, hat nicht nur mit seiner enormen anwaltlichen Tüchtigkeit zu tun, es hat etwas mit seinem beispiellosen Überlegenheitsgefühl zu tun.
- Herr Fuchs *kann* nicht verlieren. Herr Fuchs *darf* nicht verlieren. Eher verliert er die Selbstbeherrschung. Es leuchtet ein, daß er nur »Fälle« in der Anwaltspraxis übernimmt, bei denen er grundsätzlich vorher getestet hat, ob sie ihm einen Erfolg garantieren. Mit wenig aussichtsreichen und sogenannten »hoffnungslosen« Fällen gibt sich Herr Fuchs niemals ab. Die Niederlage in einem Prozeß bringt ihn in eine nervliche und existentielle Zerreißprobe. Beide Eheleute bestätigen diesen Tatbestand. Frau Fuchs hat es einige Male miterlebt und wurde selbst mit in das seelische Tief gerissen.
- Herr Fuchs muß es zugeben, er liebt seine Frau sehr, aber er wird in solchen Augenblicken der Niederlage zum aggressiven und unberechenbaren Gegner. Seine Frau hat es einige Male am eigene Leib spüren müssen.

Hinweis 6: Sind die Motive geklärt, kann die innere Kurskorrektur beginnen

Therapeutische Seelsorge beinhaltet eine *Korrektur der falschen Ziele*. Die schlimmen aggressiven Attacken des Herrn Fuchs sind nicht die Ursachen, sondern die Folgen eines falschen Denkens. Seine Lebensgrundüberzeugungen sind nicht nur falsch, sie sind sündhaft. Herr Fuchs muß sich einen Namen machen. Das ist sein Grundübel. Diese egoistische Leitmelodie seines Lebens verstößt unübersehbar gegen das erste Gebot. Nicht der Name Gottes soll geehrt werden, sondern der Namen des Herrn Fuchs soll in aller Munde sein. Nicht dem Herrn aller Herren gebührt die Ehre, sondern ein Mensch beansprucht ein hohes Maß an Ehrfurcht. Und diese Furcht ist wörtlich zu verstehen. Die Gegner, die es mit dem sieggewohnten Anwalt zu tun bekommen, sollen ihn fürchten. Seine Plädoyers sollen Angst einjagen.

Die innere Kurskorrektur verlangt, die ungeistlichen Lebensgrundüberzeugungen zu revidieren. Paulus formuliert im Römerbrief, wie dieser Gesinnungswandel vor sich gehen kann:

»Paßt euch nicht den Maßstäben dieser Welt an. Laßt euch eine neue Gesinnung schenken. Dann könnt ihr erkennen, was Gott von euch will. Ihr wißt dann, was gut und vollkommen ist und was Gott gefällt« (Röm. 12,2). Wenn wir die Sätze des Paulus auf Herrn Fuchs ummünzen, könnte der Anwalt sagen: »Ich habe bisher stärker nach den Maßstäben der Welt gehandelt und gelebt. Ehre, Ansehen und Bestätigung sind mir in erster Linie wichtig geworden. Herr, zeige mir, wo ich beruflich ansetzen muß, um diese eitlen und ehrgeizigen Ziele zu ändern.

Diese neue Gesinnung kann ich aus eigener Kraft nicht erreichen. Ich will mir einen Namen machen, ich will, daß mein Name in der Gerichtspraxis den Gegnern Respekt und Angst einjagt. Ich kann mich nur völlig in deine Hände begeben, du kannst den Kurswechsel schenken.«

Dieser Kurswechsel und diese Gesinnungsänderung brauchen normalerweise Zeit. Der Lebensstil hat das Denken, Fühlen und Handeln des Anwalts so geprägt, daß wir in der Seelsorge Geduld brauchen und Barmherzigkeit praktizieren müssen. Die Gesinnungsänderung ist ein Geschenk Gottes. Die Umkehr ist aus eigener Kraft nicht möglich. Eine durchgreifende Wende im Lebenskonzept eines Menschen braucht Heilungszeit. Es wird in der Regel Rückfälle und Anfechtungen geben.

Hinweis 7: Wie verhindert das Ehepaar Fuchs konkret einen aggressiven Zusammenprall?

Wir haben festgestellt, daß Mann und Frau jeweils perfekt zusammengespielt haben. Die Aggressivität des Herrn Fuchs hat mit dem Interaktionsspiel beider Eheleute zu tun. Damit ist Herr Fuchs nicht entschuldigt, und Frau Fuchs wird nicht die Hauptschuld zugeschoben.

Therapeutische Seelsorge beinhaltet, daß die Betreffenden lernen, *konkret zu beten*. Das Gebet »Herr, hilf mir, daß ich nicht mehr aggressiv gegen meine Frau reagiere«, ist kein besonders hilfreiches Gebet. Warum ist das so?
- Die Motive der Aggression bleiben im dunkeln. Die Hintergründe und verdeckten Absichten der Aggression, die ja eine entscheidende Rolle spielen, bleiben unverstanden.
- Der Mensch schiebt ein negatives Symptom vor, das der Herr beseitigen soll. Er ist aber nicht bereit, über seine sündhaften Motive zu reflektieren.
- Gott soll im Heiligen Geist die destruktive Aggression wegnehmen, der Mensch will aber seine ungeistlichen Ziele beibehalten.
- Der Mensch betreibt ein unehrliches Spiel. Er will von einem unangenehmen Symptom befreit werden, im Herzen und Wesen will er aber seine Lebenseinstellung beibehalten. Alfred Adler pflegte über diese Ratsuchenden den bösen Satz zu sagen: »Wasch mich, aber mach mich nicht naß!«

Das ist ein Widerspruch in sich. Gott will Gebete erhören, die ehrlich und aufrichtig die eigenen Fehlhaltungen und Sünden in Rechnung stellen.

Welche Möglichkeiten hat nun das Ehepaar, die destruktiven und aggressiven Muster zu stoppen? Wir haben gemeinsam folgende Lösungsmöglichkeit erarbeitet, die zunächst das Verhaltensmuster des Herrn Fuchs betrifft:

1. Teil: Wenn mich meine Frau wieder argumentativ überflügelt, gerate ich in Panik. Ich entwickle eine unsagbare Angst, die sich aggressiv entladen kann. Ich habe mir klargemacht, daß das der Hauptkanal für meine aggressiven Durchbrüche ist. Dann gebe ich meiner Frau ein Zeichen, indem ich an mein Ohrläppchen fasse, und signalisiere ihr, daß wir beide das argumentative verbale Kraftmessen aufgeben. Gleichzeitig bete ich geistlich um Kraft, daß ich nicht im Sinne meines alten Lebensstils argumentativ Sieger bleiben muß.«

2. Teil: Da Frau Fuchs durch den Einbruch in ihrem Haus ihr Angstkonto erheblich vergrößert hat, muß Herr Fuchs hören, daß diese lebensbedrohlichen Ängste ernst genommen werden müssen. Herr Fuchs kann diese Ängste für übertrieben halten, er darf sie für sich als unrealistisch einstufen. Die Liebe zum Partner verlangt aber, daß wir eingebildete oder objektive Ängste rückhaltlos ernst nehmen. Argumente gegen die übertriebene Angst nehmen den Partner nicht ernst. Beide Seiten können aggressive Muster entwickeln, um mit ihren unterschiedlichen Ängsten fertig zu werden.

Bliebe Herr Fuchs bei seiner Überzeugung, die Ängste seiner Frau seien eingebildet, übertrieben und unrealistisch, würde das »verbale Kräftemessen« kein Ende finden. Die nächste aggressive Entladung könnte vorausgesagt werden.

3. Teil: Frau Fuchs erkennt in ihrem Lebensstil, daß sie argumentativ zur Hochform aufläuft, wenn Angst in ihrem Leben überhandnimmt. Angst ist für sie ein Mittel zum Zweck, den Partner zu überzeugen, ja, dem Partner ihre Wünsche aufzuzwingen. Angst ist nicht nur eine Eigenschaft, Angst ist auch ein Verhaltensmuster, mit dem viele bewußte und unbewußte Ziele erreicht werden können. Frau Fuchs kann aus ihrem Leben und aus der Ehe Beispiele beisteuern, wo sie mit Hilfe von Angst, die sie in Dienst stellt, ihren Partner, ihre Eltern oder ihre Kinder manipuliert hat. Da sie es bei ihrem Gatten mit einem »sieggewohnten Prozeßperfektionisten« zu tun hat, muß sie schon bestimmte Verhaltensmethoden anwenden, um ihn zu überwinden. Bis zu den gemeinsame Gesprächen waren Frau Fuchs diese unverstandenen Praktiken nicht bewußt. Auch sie formulierte ihr Gebet um:

»Herr, ich habe erkannt, daß ich Angst benutze, um mich durchzusetzen. Ich habe erkannt, daß ich Angst in Dienst stelle, um meinen Mann argumentativ an die Wand zu spielen. Vor dir, Herr, erkenne ich meinen Machtmißbrauch. Gib mir im Heiligen Geist die Kraft, dem Partner liebevoll meine Wünsche vorzutragen. Ich will nicht mehr den Partner mit aggressiver Angst in die Knie zu zwingen.«

Frau Fuchs gibt ihrem Partner ebenfalls ein Zeichen, sie zieht am Ohrläppchen, wenn sie wieder in einen solchen Machtkampf hineingerät. Machtkämpfe steigern die Aggressivität. Zwei Partner kämpfen mit unterschiedlichen Waffen, die aber auf beiden Seiten sehr effektiv sein können.

Hinweis 8: Die nächsten Wochen und Monate zeigen, ob die Lösungsversuche hilfreich waren

Es empfiehlt sich in der therapeutischen Seelsorge, ein oder zwei Termine in naher Zukunft anzusetzen, um die Ergebnisse der Gespräche gemeinsam zu überprüfen.

Mit dem Ehepaar Fuchs haben an drei Tagen, im Abstand von zwei Wochen, sechs Gespräche von jeweils eineinhalb Stunden Dauer stattgefunden. Als bewußte Christen waren beide einsichtig. Keiner von beiden kämpfte um sein Recht. Beide stellten sich im Gebet unter den Willen Gottes. Diese Grundeinstellungen halfen, daß erkannte Zusammenhänge im

Glauben realisiert und gelebt werden konnten. Mit dem Ehepaar Fuchs fand kein gemeinsames Überprüfungsgespräch statt, aber zwei lange, ausführliche Telefongespräche im Abstand von sechs Monaten. Die erarbeiteten Lösungsvorschläge waren offensichtlich ausreichend. Beide Eheleute stimmten mit den gemeinsamen Überlegungen überein. Beide hatten Ansätze erarbeitet, die im Gebet konkret werden konnten.

Welche Fragen interessierten in den später vereinbarten »Kontrollgesprächen«?

Waren die Alternativlösungen hilfreich?

Hat eine Kurskorrektur wirklich stattgefunden?

Klappen die vereinbarten Absprachen?

Gibt es Reibungspunkte, die nicht genügend beachtet wurden?

Wenn es Rückfälle gab, was waren die Auslöser?

Aggressionen, die in Ehen, Familien, Gemeinden und am Arbeitsplatz eine Rolle spielen, sind vielschichtig. *Die* Aggression gibt es nicht. Immer gilt es:

– die versteckten Ziele der Aggressivität herauszuarbeiten,
– die oft unverstandenen Motive von Zorn, Wut und Bitterkeit zu ergründen,
– die eigentlichen Verstärker des destruktiven Verhaltensmusters ausfindig zu machen. Stimmen die Beteiligten mit den erarbeiteten Ergebnissen rückhaltlos überein, können die ungeistlichen Motive und die sündhaften Verhaltensmuster ins Gebet genommen werden.

Aggression und Eifersucht – die Geschichte von Kain und Abel

Aggressionen in unterschiedlichster Form haben blutige Spuren in der Weltgeschichte hinterlassen. Jenseits von Eden nahmen Aggressionen ihren Lauf. Sofort nach der Vertreibung aus dem Paradies begann das Unheil. Die heile Welt der Schöpfung hat der Mensch im Rücken. Helmut Thielicke kennzeichnet die Situation folgerichtig:

»Aus dem Griff nach der verbotenen Frucht entwickelt sich jetzt Kains Brudermord, und schon werden die Steine für den Turmbau zu Babel zusammengetragen. Das, was jetzt einsetzt – genau an jenem Horizont, der die heile Welt begrenzt und nach rückwärts abschließt –, nennen wir *Weltgeschichte*. Sie ist der Raum, in den wir ›geworfen‹ sind, und der Raum, in dem Kain die Axt erhebt und Abel entseelt zu Boden sinkt. Der Raum, in dem auf Leben und Tod um den Platz an der Sonne gekämpft wird, in dem der Stärkere seine Triumphe feiert und das Recht von der Wirklichkeit bedroht ist.«[55]

Aggressionen sind die Folge der Ursünde: »Ihr werdet sein wie Gott.« Aggressionen fallen nicht vom Himmel und sind uns nicht wie ein unseliges Gen in den Organismus programmiert worden.

– Aggressionen haben den Sinn, auf Leben und Tod den Platz an der Sonne zu sichern.
– Aggressionen haben den Sinn, die Macht des Stärkeren zu behaupten.
– Aggressionen haben den Sinn, für das subjektive Recht zu kämpfen und zu morden.
– Aggressionen demonstrieren, wer das letzte Wort behält.

Muß Kain die Welt regieren?

Die Geschichte der Menschheit scheint abzulaufen wie eine lückenlose Kette von Grausamkeit, Blutvergießen, Terror, Mord und Brutalität. Damit wird der Mensch zum aggressivsten Tier der Erde, wie es Forscher formulieren, die den Menschen aus tierischen Vorfahren ableiten. Die Verhaltensforscher haben mit dazu beigetragen, den Aggressionstrieb als Grundtrieb alles Lebendigen zu rechtfertigen und die asoziale Menschennatur herauszustellen. Die resignierenden Aussagen über den Menschen sind Legion. Und wer eine entsprechend dunkle Brille aufsetzt, findet reichlich Material über unsägliche Brutalität, über Gleichgültigkeit, Intoleranz, Haß und Niedertracht. Das Negative überwiegt das Positive, das Furchterregende das Bejahende. Irenäus Eibl-Eibesfeld, ein Schüler von Lorenz, schreibt:

»Sicherlich gibt es in der menschlichen Aggression kulturelle Unterschiede. Der überzeugende Nachweis, daß einer Menschengruppe Aggressionen völlig fehlen, ist jedoch bisher nicht erbracht worden. (...) Die Aggressivität als Disposition zur Aggression scheint vielmehr auf der ganzen Erde verbreitet. Naturvölker und Kulturvölker scheinen sich dabei in ihrer aggressiven Disposition nicht grundsätzlich zu unterscheiden. Südamerikanische Urwaldindianer, Papuas oder afrikanische Negerstämme sind im allgemeinen keineswegs weniger aggressiv als Vertreter zivilisierter Nationen. Und die Aggression findet im Prinzip weltweit den gleichen Ausdruck.«[56]
Der Verhaltensforscher geht davon aus,

– daß eine »Disposition zur Aggression« dem Menschen mitgegeben wurde,
– daß alle Völker – ohne Ausnahme – aggressiv reagieren,
– daß alle Menschen in der Welt die Aggressivität auf gleiche Weise praktizieren.

Ein international bekannter Forscher, Professor Albert Bandura, bestreitet die Anlagetheorie und schreibt: »Die Instinkttheorie entspricht jedoch nicht den Tatsachen. Es ist bis heute nicht gelungen, irgendeinen Beweis für einen von Geburt an vorhandenen Trieb zu entdecken. Dennoch ist es durchaus populär, Aggressionen angeborenen Kräften zuzuschreiben, da die Menschen dadurch von der Verantwortung für ihre Unmenschlichkeit gegeneinander entbunden werden.«[57]

Wir halten fest:

– Ein anlagebedingter Aggressionstrieb ist bis heute nicht nachgewiesen. Kain bekäme sofort mildernde Umstände. Gott müßte barmherziger und nachsichtiger mit ihm umgehen.

– Menschliche Aggressionen, Mord und Totschlag, haßerfüllte und brutale Praktiken fielen letztendlich auf den lebendigen Gott zurück, der den Trieb im Menschen programmiert hätte.

Kain und Abel – das sind wir

Adam schlief mit seiner Frau Eva, und die wurde schwanger. Sie brachte einen Sohn zur Welt und sagte: »Mit Hilfe des Herrn habe ich einen Sohn geboren.« Darum nannte sie ihn Kain. Später bekam sie einen zweiten Sohn, den nannte sie Abel. Abel wurde ein Hirt, Kain ein Bauer.

Einmal brachte Kain von seinem Ernteertrag dem Herrn ein Opfer dar. Abel tat es ihm gleich: Er nahm eines von den erstgeborenen Lämmern seiner Herde, schlachtete es und brachte die besten Stücke Gott als Opfer dar.

Der Herr blickte freundlich auf Abel und sein Opfer, aber Kain und sein Opfer schaute er nicht an.

Kain stieg das Blut in den Kopf, und er starrte verbittert vor sich hin. Der Herr sah es und fragte Kain: »Warum wirst du so zornig? Warum brütest du vor dich hin? Wenn du Gutes im Sinn hast, kannst du den Kopf frei erheben; aber wenn du Böses planst, lauert die Sünde vor der Tür. Du mußt Herr über sie sein!«

Kain sagte zu seinem Bruder: »Komm und sieh dir einmal meine Felder an!« Als sie aber draußen waren, fiel er über seinen Bruder her und schlug ihn tot.

Da fragte der Herr ihn: »Wo ist dein Bruder Abel?« »Was weiß ich?« antwortete Kain. »Soll ich ständig auf meinen Bruder aufpassen?« »Warum hast du das getan?« sagte der Herr. »Hörst du nicht, wie das Blut deines Bruders von der Erde zu mir schreit und Vergeltung fordert? Du stehst von nun an unter einem Fluch. Wenn du den Acker bebauen willst, wird er dir den Ertrag verweigern. Du hast ihn mit dem Blut deines Bruders getränkt, deshalb mußt du das fruchtbare Land verlassen und als heimatloser Flüchtling umherirren.«

Kain sagte zum Herrn: »Diese Strafe ist zu hart. Du vertreibst mich vom fruchtbaren Land und aus deiner Nähe. Als heimatloser Flüchtling muß ich umherirren; ich bin vogelfrei, jedermann kann mich ungestraft töten.«

Der Herr antwortete: »Nein, sondern ich bestimme: Wenn dich einer tötet, müssen dafür sieben Menschen aus seiner Familie das Leben lassen.« Er machte Kain ein Zeichen auf die Stirn, damit jeder wußte: Kain steht unter dem Schutz des Herrn. Dann mußte Kain aus der Nähe des Herrn weggehen. Er wohnte östlich von Eden im Land Nod. (1. Mose 4,1 – 16)

Die Geschichte der beiden ist unsere Geschichte. Was in uns vorgeht und was immer wir erleben, das bringen Kain und Abel zur Sprache.

Kain ist Ackerbauer, Abel ist Hirte. Vielleicht kann man sagen: Kain symbolisiert die Seßhaftigkeit, Abel symbolisiert das Nomadenleben, Kain ist der Ältere, Abel der Jüngere.

Kain als Name beinhaltet »Gewinn«, Abel als Name beinhaltet »Verlust«. Andere Übersetzungen sind der Meinung, Kain bedeutet »Lanze«, Abel bedeutet »Hauch, Nichtigkeit«.

Der eine verkörpert Stärke und Macht, die in der »Lanze« zur Sprache kommen, der andere verkörpert Schwäche und Unterlegenheit. In knappster Form umschreibt die Bibel nach der Vertreibung aus dem Paradies das Zusammenleben der Menschen. Das friedliche und harmonische Miteinander der Menschen mit dem himmlischen Vater ist ein für allemal vorbei.

Jetzt bestimmen Überlegenheit und Unterlegenheit das Feld. Jetzt wird geherrscht und gelitten, jetzt kennzeichnet Macht und Konkurrenzkampf die menschliche Gemeinschaft.

Der eine Sohn gehört zu den Gewinnern, der andere zu den Verlierern.

Eine Spaltung geht durch die beiden Söhne. Zwei Welten sind tonangebend. Zwei Gottesdienste, zwei Altäre bestimmen den Kultus. Gerhard von Rad kommentiert:

»Aber was sie opfern, und daß jeder getrennt vom andern der Gottheit seine Verehrung bekundet, soll der Leser aufmerksam hören und darin beunruhigende Zeichen erkennen. Der Hirt opfert von seiner Herde, der Bauer von dem Ertrag der Erde; scheinbar alles ganz naheliegend! Und doch, die Verschiedenheit des Lebensstandes der beiden ist nichts Äußerliches, sondern geht so tief, daß sie sich bis in die Besonderheiten der religiösen Betätigungen hinein auswirkt.«[58]

Kultus und Kultur gehören zusammen. Verschiedene Kulturen ergeben verschiedene Kultgebräuche. Zwei Brüder, zwei Welten. Zwei Brüder – mit gleichem Erbgut – und doch grundverschieden. So ist das bis heute geblieben. Wir stammen von denselben Eltern ab, und doch sind wir in Gedanken, Gefühlen und im Verhalten unterschiedlich. Immer wieder schimmert die »Hackordnung des Hühnerhofs«, wie die Forscher das nennen, hindurch. Bert Brecht hatte recht: »Die einen sind im Dunkeln, und die andern sind im Licht.«

Ist diese Hackordnung vorgegeben, oder spiegeln wir Menschen unterschiedliche Erziehungsstile wider?

Wie war das denn mit Kain, als er geboren wurde? Helmut Thielicke hat diesen Aspekt besonders charakterisiert: »Kain nämlich heißt: ›Ich habe einen Mann erworben‹. Damit deutet Eva als stolze Mutter an, daß dieser Sohn die Würde des Erstgeborenen tragen und daß er für sie der Inbegriff von Macht und Stärke sein soll.

Abel dagegen bedeutet soviel wie ›Nichtigkeit, Hinfälligkeit‹. Der jüngere Bruder soll also von Anfang an im Schatten des Älteren stehen. Er ist für die zweite Geige vorgesehen. Er ist der Repräsentant für die grundsätzlich Zu-kurz-Gekommenen. Er ist der notorisch Deklassierte. Alles, was sich im folgenden an dramatischer Spannung zusammenballt und sich schließlich in der Katastrophe des Brudermordes entlädt, stammt letzten Endes aus jener Ungleichheit der Rollen, in denen sich Kain und Abel und alle anderen vorfinden.«[59]

Wieder kommen wir auf die Erziehungseinflüsse zurück. Die Mutter gibt in der Erziehung den Ton an. Bis heute ist das weitgehend so geblieben. Will die Bibel mit der Sünde und ihren Folgen, die sie uns nach der Vertreibung aus dem Paradies serviert, auch die frag-würdige Erziehung der Eltern bewußt machen?

Eva hat offensichtlich den Älteren vorgezogen. Sie hat offensichtlich in ihm Hoffnungen geweckt, die sich im Leben später bitter rächen sollen. Die Urmutter der Weltgeschichte hat erkennbar an den Beziehungsschwierigkeiten der Kinder mitgestrickt. Wie gut, daß uns die Bibel keine lupenreinen Heiligen schildert, vor denen wir in jeder Weise kapitulieren müßten.

Eifersucht als Motiv

Das Sprichwort sagt es treffend: »Eifersucht ist eine Leidenschaft, die mit Eifer sucht, was Leiden schafft.« Eifersucht ist in der Tat eine teuflische Gesinnung, die Haß mobilisiert und die Vernunft betäuben kann. Mißgunst und Mißtrauen werden angestachelt. Eifersucht untergräbt jede Gemeinschaft. Kain und Abel sind dafür ein beredtes Zeugnis.

Die Eifersucht, das »grünäugige Ungeheuer«, wie es Shakespeare genannt hat, führt Kains Axt und beflügelt die Menschen, Dynamit, Raketen, Atombomben und heimtückische Minen zu erfinden, um die ihnen unangenehmen Mitmenschen auszulöschen.

Schauen wir uns das Motiv genau an:

Die Geschichte von Kain und Abel ist ein Modellfall für die Leidenschaft, mit der Eifersucht Leiden schafft. Eva hat – ohne die Folgen zu überblicken – den Grundstein für Eifersucht gelegt. Eifersucht ist kein negatives Erbteil. Kein Mensch wird mit Eifersucht geboren.

Eva hat Kain zum Priviligierten, zum Star gemacht. Die anderen sind Statisten. Das Gefühl für Vorrechte hat Kain von klein auf mit der Muttermilch eingesogen.

Selbst im Gottesdienst erwartet Kain Sonderrechte. Er erwartet, daß sich Gott zu ihm bekennt und seine Rolle als Stärkerer unterstreicht. Uns mag das übertrieben erscheinen, aber Kain hatte es so erfahren. Sein Name, seine Stellung und Bevorzugung haben sein Vorurteil beeinflußt. Als Erwachsener wiederholt er die Erfahrungen seiner Kindheit: »Alles tanzt nach meiner Pfeife!«

Gott macht dem Kain einen Strich durch die Rechnung. Der Verwöhnte, Herausgehobene und von sich überzeugte Kain erlebt ein Fiasko. Seine Erwartungen erfüllen sich nicht. Seine Selbsteinschätzung erfährt einen schweren Schlag. Kain hat es nicht gelernt, Niederlagen einzustecken. Er hat es nicht trainieren müssen, zurückzustecken. Er mußte nicht nachgeben und teilen. Er reagiert wie ein kleines Kind, das seinen Willen nicht bekommt. Unüberhörbar wird die Tyrannei des Verwöhnten und Bevorzugten deutlich. Er hat immer seinen Willen bekommen und kann es nicht ertragen, übersehen zu werden.

Welche Forderungen ziehen wir aus dem Motiv Eifersucht?
– Eifersucht wird nicht vererbt, niemand kann sich mit anlagebedingter Eifersucht herausreden.

- Eifersucht ist *auch* ein Erziehungsproblem. Bevorzugung oder Vernachlässigung können Eifersuchtsgefühle fördern.
- Eifersucht ist ein Lebensstilproblem. Der Eifersüchtige hat Vorrechte, Privilegien und Sonderrechte in sein Denken, Planen und Handeln eingebaut.
- Eifersucht fördert partnerschaftsfeindliche und aggressive Verhaltensmuster.
- Eifersucht blockiert das Gemeinschaftsgefühl, die Nächstenliebe und die Fähigkeit, zu teilen und zu geben.

Unsere Gedanken bestimmen unser Handeln

Kain sieht im Gottesdienst seine Vorrechte entschwinden.

»Der Herr blickte freundlich auf Abel und sein Opfer, aber Kain und sein Opfer schaute er nicht an.« Das ist für Kain unfaßlich. Abel steht plötzlich im Mittelpunkt, er wird übersehen. Gott registriert sein Opfer gar nicht. Das hat es bislang nicht gegeben. Der Älteste, der Erstgeborene, der Priviligierte muß erleben, daß – ausgerechnet im Gottesdienst – an seinem Image gekratzt wird. »In der Welt« gelten Kains Vorrechte, im Glauben zeigt uns Gott, daß alle Titel, Auszeichnungen, Stellungen und Vorrechte ungültig sind. Gott hält zu den Schwachen, zu den Entrechteten und Unterdrückten.

Gott interessiert sich nicht für unsere Vorurteile.
Gott interessiert sich nicht für unsere Privilegien.
Gott interessiert sich nicht für unsere Bevorzugungen.
Gott interessiert sich nicht für unsere Vorrechte und Wertordnungen.

Eine Erfahrung, die Kain machen mußte und die wir uns auch hinter die Ohren schreiben sollten.

Kain wird zornig, wütend und aggressiv. Alle Übersetzungen beinhalten diesen Kern. »Kain stieg das Blut in den Kopf.« Bluthochdruck ist häufig ein meßbares Zeichen für Wut und Bitterkeit. Kain wird hochrot vor Zorn. Er redet mit seinen

Organen. Leib, Seele und Geist sind unauflöslich miteinander verbunden.

»*Warum brütest du vor dich hin?*« – Gott ruft Kain zur Besinnung. Er redet ihm ins Gewissen. »Warum bist du so zornig? Warum brütest du vor dich hin? Wenn du Gutes im Sinn hast, kannst du den Kopf frei erheben, aber wenn du Böses planst, lauert die Sünde vor der Tür.«

Unsere Gedanken und Gefühle bestimmen unser Handeln. Wenn wir vor uns hinbrüten, schlüpfen gute oder böse Wesen aus unseren »Eiern«. Gott bestätigt die Ergebnisse der modernen Psychologie, wenn er in der Bibel Kain so herausfordert. Die amerikanischen Psychologen und Seelsorger William Backus und Marie Chapian beschreiben diesen Zusammenhang so:

»*Ich verursache meinen Ärger selbst!*‹ Niemand kann Sie zwingen, sich über anderer Leute Verhalten aufzuregen. Sie tun es sich selbst an. Um noch einen Schritt weiter zu gehen: Sie bewirken Ärger und Zorn durch die Art Ihrer Selbstgespräche. Sie veranschaulichen sich selbst durch Worte, Bilder und Verhaltensweisen den Gegenstand Ihres Ärgers. (...) Warum suche ich den Grund für meine Verletzung bei einem anderen Menschen, wenn ich doch der einzige bin, der für meinen Ärger verantwortlich ist, und es auch nur an mir liegt, daß der Ärger nicht verschwindet. (...) Wir vergeuden eine Menge Zeit, Energie und Gedanken, wenn wir über die Beleidigungen, die uns zugefügt wurden, grübeln.«[60]

Das bedeutet:

– Kain ist nicht das Produkt eines unausrottbaren Aggressionstriebes. Seine Mordlust ist keine krankhafte Tatsache, sondern das Produkt seines falschen Denkens.

– Nicht die Fakten, nämlich die Opfer, die Kain und Abel bringen, und die Bevorzugung des Abelopfers durch Gott, bestimmen Kains Gesinnen, sondern seine Interpretation. Seine Meinung über die Fakten erklärt seinen Zorn.

– Kain glaubt, sein Opfer wird nicht anerkannt. Er steigert sich in Haß. Mit den Mordphantasien kommen die entsprechenden Gefühle. Es überläuft ihn heiß. Er senkt seinen Blick. Gott spricht ihn an: »Wenn du Gutes im Sinn hast, kannst du den Kopf frei erheben.« Wenn du brüderliche Gefühle entwickelst, hast du einen freien Blick. Wenn du deine Mordabsichten fallenläßt, laufen dir auch keine heißen Gefühle der Rache über den Rücken. Du mußt dich nicht schämen.

– Kain hat seine mörderischen Gedanken nicht geändert. Er hat die Stimme Gottes in den Wind geschlagen.

– Der Bibeltext stellt klar: Gefühle führen kein Eigenleben. Sie sind mit unseren Gedanken synchronisiert. Unsere Deutungen bestimmen die Tatsachen. Unsere Vorstellungen entscheiden darüber, was wir tun werden.

»Soll ich meines Bruders Hüter sein?«

Bin ich für meinen Bruder oder meine Schwester verantwortlich?
Muß ich mich einmischen? Darf ich das überhaupt?
Ist nicht jeder für sein Leben allein verantwortlich?
Professor Kurt Wolff kommentiert diesen Gedanken so:

»Soll ich meines Bruders Hüter sein? Es mag offenbleiben, ob Redensarten und Gemeinplätze einen Sachverhalt richtig beschreiben oder nicht. Man kann sich dahinter verstecken, wie sich der Mensch Adam hinter Bäumen versteckte, als Gott ihn rief: Wo bist du?

Genauso versteckte sich auch Kain hinter dieser Rückfrage, nachdem ihn Gott gefragt hatte: Wo ist dein Bruder Abel?

Daß sich der Mensch hinter Redensarten und Sprichwörtern versteckt, ob er nun Kain heißt oder anders, das ist eine bis heute geübte Taktik. ›Kains Sprache‹, so kann unser Wörterversteck überschrieben werden, und der Text einer solchen Redensartenhäufung mag sich dann anhören: ›Wie komme ich dazu, der Hüter meines Bruders zu sein? Schließlich ist er ja groß genug. Schließlich kann er ja für sich selbst sorgen.

Schließlich ist er ja erwachsen genug.

Schließlich kann er sich ja wehren.

Und warum wehrt er sich nicht, frage ich mich?‹«[61]

Deutlich wird:

- Auch in den dunkelsten Stunden unseres Lebens, wenn unser Blick getrübt ist, wenn uns böse Gedanken umtreiben, wenn wir uns meilenweit von Gott entfernt haben, spricht er noch mit uns. Gott läßt uns nicht einfach ins Verderben rennen.
- Aber das andere muß auch gesagt werden: Gott läßt uns die Freiheit, eine schreckliche Freiheit, uns für Leben oder Tod zu entscheiden.
- Sind wir für unsere Mitmenschen verantwortlich?

Uns fallen wie dem Kain tausend Ausreden ein, die uns die Verantwortung abnehmen.

Wir wollen in Ruhe gelassen werden.

Vielleicht zitieren wir sogar die Bibel: »Wer sich in einen Streit mischt, der ihn nichts angeht, schafft sich ähnlichen Ärger wie jemand, der einen vorüberlaufenden Hund bei den Ohren packt« (Sprüche 26,12).

- »Adam, wo bist du?« und die Frage: »Kain, wo ist dein Bruder Abel?« sind zentrale Fragen der Menschheitsgeschichte. Wir können uns nicht herausreden. Wir dürfen die Verantwortung mit Redensarten nicht beiseiteschieben.

Was können wir tun?

Was müssen wir im Alltag unseres Lebens, wo Aggressionen, Eifersucht, Zorn und Bitterkeit immer wieder auflodern, bedenken?

Was sollten wir als Christen realisieren?

a.) Wir sollen über die Sünde herrschen

Gott mutet uns zu, die Sünde der Aggression, der Wut, des Zorns und der Bitterkeit unter Kontrolle zu halten. Die bösen Gedanken, auch die haßerfüllten Gefühle, können wir nicht verhindern. Denn Enttäuschungen, Verletzungen und Kränkungen gehören zum Alltag unserer Welt. Oft sind die destruktiven Gefühle schneller. Und doch:

Gefühle sind Werkzeuge unserer Wünsche,

Gefühle sind Werkzeuge unserer geheimen Ziele,

Gefühle sind Werkzeuge unserer Vorstellungen und Pläne.

Gefühle haben den Sinn, unsere Gedankenspiele zu unterstützen.

Wer seine sündhaften, bitterbösen und feindseligen Gedanken nicht preisgibt, darf sich nicht wundern, wenn seine Gefühle entsprechend sein Handeln aufheizen.

Aber wir können die negativen Gefühle stoppen. Wir entscheiden darüber, ob wir »Gutes im Sinn« haben oder ob wir kaltblütige Rachegedanken ausbrüten. Bis wir die Axt nehmen oder den Revolver laden und entsichern, vergehen Minuten, Stunden oder sogar Tage. Wir entscheiden, was geschieht.

Wir entscheiden, welche Gedanken praktiziert werden. Wir sind nicht ohnmächtig an einen »bösen Trieb« gekettet.

b.) Dampfablassen ist keine Lösung

Aggressionen herausschreien, Frustrationen herausschleudern und seinem Zorn Luft machen sind keine Lösungen. Sie kitten keine Beziehungen, sie zerstören sie.

Die schon genannten Psychologen und Seelsorger William Backus und Marie Chapian sind der Meinung:

»Forschungen auf dem Gebiet der Aggression (Bandura, Bandura und Walters) haben ergeben, daß Aggressionen stärker werden, wenn das eben erwähnte Verhalten in irgendeiner Weise unterstützt wird. Die Aggression wird dadurch nicht etwa abgebaut. Die ›Dampfkesseltheorie‹ mancher Psychotherapeuten besagt, daß Emotionen mit Dampf in einem Dampfkessel zu vergleichen wären, die möglichst kraftvoll herausgelassen werden müßten, um eine schädliche Explosion zu vermeiden.

Diese Behauptung ist aufgrund praktischer Erfahrung nicht belegbar. Unsere Emotionen sind weder ein Gas noch eine Flüssigkeit, die ausgestoßen werden müssen, um zu verhindern, daß wir durch eine Explosion in tausend Stücke zerrissen würden.«[62]

Im Grund wollen nur *wir* uns befriedigen.

Wir wollen den anderen bestrafen.

Wir wollen ihm einen Denkzettel verpassen.

Wir rufen nur Rachepläne im anderen hervor.

c.) Wollen wir wirklich unsere Aggressionen zügeln?

In Beratung und Seelsorge erlebe ich immer wieder, daß der Mensch im Tiefsten nicht will. Er möchte gern ehrlich, sauber und moralisch sein – theoretisch gesehen –, aber in Wirklichkeit

– will er sich durchsetzen,

– will er seinen Zorn befriedigen,

– will er seine Rachegelüste ausleben,

– will er dem anderen einen Denkzettel verpassen.

Diese menschlichen Verhaltensmuster überlagern die geistlichen.

Ich habe mal ein sehr anschauliches Beispiel gelesen, das treffend das Zusammenspiel von Leib, Geist und Seele beschreibt:

In der Reitschule wird zum ersten Mal der Sprung über eine Stange geübt. Der Reitlehrer erklärt dem Schüler, was er tun soll, daß das Pferd über die Stange springt. Der Reitlehrer gibt das Zeichen zum Antraben. Das Pferd setzt sich in Bewegung, aber im entscheidenden Augenblick macht das Pferd vor der Stange halt.

»Der Gaul will nicht!« ruft der Schüler. Der Reitlehrer sagt: »Der Gaul will schon, aber Sie wollen nicht! Im letzten Augenblick haben Sie ganz unmerklich mit den Fäusten die Zügel

zurückgezogen. Der Gaul richtet sich nach der letzten Willens-
entscheidung des Reiters.«

Ein Gleichnis für den Menschen. Der Christ will nach den
Geboten Gottes leben. Aber im letzten Augenblick gewinnen
egoistische, böse und sündhafte Gedanken die Überhand. Wir
widerrufen unsere ursprünglich guten Gedanken. Und der
Gaul, mein Fleisch und Blut, mein Körper bockt und blockiert.

Liegt mein Körper quer?

Will der Gaul nicht?

Setzt sich ein »böser Trieb« durch?

Nein, der Gaul will schon, aber der Reiter nicht.

Im Neuen Testament heißt es immer wieder:
»Tut Buße, ändert euren Sinn,
             ändert eure Gedanken,
             ändert euer Denken.«

Auf diese Weise bewahren wir uns
– vor krankmachenden Vergleichen,
– vor krankmachender Eifersucht,
– vor zerstörerischem Neid,
– vor zerstörerischem Ehrgeiz.

Aggressionen in Gedanken sind nicht zu vermeiden, die
aggressive Tat allerdings kann von uns gestoppt und verhindert
werden. Gott fordert nichts Unmögliches von uns.

Literaturhinweise

1 Harriet Goldhor Lerner, Was Frauen verschweigen, Kreuz Verlag, Stuttgart 1993, S. 206.

2 Arnold Lazarus/Allen Fay, Ich kann, wenn ich will, Klett-Cotta, Stuttgart 1979, S. 51.

3 Neil Clark Warren, Wohin mit meiner Wut?, Schulte und Gerth, Aßlar, 1995 (2. Aufl.), S. 13.

4 Rolf Degen, in: Psychologie heute 5/1994, S. 52ff.

5 Wolfgang Schmidbauer, Die sogenannte Aggression, Hoffmann und Campe, Hamburg 1972, S. 14f.

6 ebd.

7 Dieter Eicke, Vom Einüben der Aggression, Kindler Taschenbücher, München 1972, S. 17.

8 Alfred Adler, »Zwangsneurose«, Intern. Zeitschrift f. Individual-Psychologie 9 (1–16)/1931, S. 4.

9 Sigmund Freud, Collected Papers, Volumnes I–V, The Hogarth Press, London 1924-1950, S. 281.

10 Michael Titze, Die heilende Kraft des Lachens, Kösel Verlag, München 1995, S. 76.

11 Fritz Riemann, Die schizoide Gesellschaft, Kaiser-Traktate, Chr. Kaiser Verlag, München, S. 32.

12 Richard Rohr/Andreas Ebert, Das Eneagramm, Claudius Verlag, München 1989, S. 54f.

13 Andreas Ebert/Richard Rohr u. a., Erfahrungen mit dem Eneagramm, Claudius Verlag, München 1992 (2. Aufl.), S. 30f.

14 Paul Meier, Ab heute wehre ich mich, Verlag Francke Buchhandlung, Marburg 1995, S. 177 und 182.

15 Paul Meier, a. a. O., S. 184.

16 Paul Meier, a. a. O., S. 176.

17 Paul Meier, a. a. O., S. 178f.

18 Paul Meier, a. a. O., S. 183.

19 Paul Meier, a. a. O., S. 184.

20 James Dobson, Die Macht der Gefühle, Editions Trobisch, Kehl 1983, S. 73 f.

21 Adler, Über den nervösen Charakter, Fischer Taschenbuch, Frankfurt/M. 1990 (10. Aufl.), S. 36.

22 Aus: Der Spiegel 44/1970

23 Ebd.

24 Ebd.

25 Aus: Focus 47/1993, S. 150.

26 Ulrich Eicke/Wolfram Eicke, Aggressiv, phantasiearm, träge: Die Medienkinder, in: Psychologie heute 4/1994, S. 20f.

27 Hans-Georg Filker, Gewalt, in: Anruf 5 und 6/1996, S. 4 und 5.

28 Anne Campbell, Zornige Frauen – wütende Männer, Fischer Verlag, Frankfurt 1993, S. 15.

29 Anne Campbell, a. a. O., S. 23.

30 Anne Campbell, a. a. O., S. 24.

31 Anne Campbell, a. a. O., S. 25.

32 Anne Campbell, a. a. O., S. 29.

33 Anne Campbell, a. a. O., S. 54.

34 Anne Campbell, a. a. O., S. 68.

35 Anne Campbell, a. a. O., S. 76ff.

36 Anne Campbell (Abschluß des Buches).

37 Anne Campbell, a. a. O., S. 155.

38 Vgl. Anne Campbell, a. a. O., S. 162.

39 Anne Campbell, a. a. O., S. 167.

40 Rollo May, Der verdrängte Eros, Christian Wegner Verlag, Hamburg, S. 53.

41 Paul Meier, a. a. O., S. 186.

42 Paul Meier, a. a. O., S. 187.

43 Zitiert nach Paul Meier, a. a. O., S. 195.

44 Josef Rattner, Psychotherapie als Menschlichkeit, Walter Verlag, Olten/Freiburg 1972, S. 38.

45 Manès Sperber, Leben in dieser Zeit, Sieben Fragen zur Gewalt, Europaverlag, Wien 1972, S. 32f.

46 Fritz Riemann, Grundformen der Angst, Ernst Reinhardt Verlag, München/Basel 1967, (3. Aufl.), S. 23ff.

47 Thomas Gordon, Die neue Familienkonferenz, Heyne Taschenbuch, München 1994, S. 108f.

48 Thomas Gordon, a. a. O., S. 124.

49 Arnold Lazarus/Allen Fay, a. a. O., S. 29 und 52.

50 David Seamands, Befreit vom kindischen Wesen, Verlag Francke Buchhandlung, Marburg 1990 (3. Aufl.), S. 113.

51 Ernest Bornemann, Lexikon der Liebe, List Verlag, München, S. 56ff.

52 Nico van der Voet, Warum muß ich immer helfen?, Brockhaus Verlag, Wuppertal 1995, S. 11.

53 Aus: Befreiende Wahrheit 4/1995, S. 12.

54 Uli Rimler, »... dann habe ich zugeschlagen« in: Psychologie heute 6/1993, S. 58ff.

55 Helmut Thielicke, Wie die Welt begann, Quell Verlag, Stuttgart 1980, S. 140.

56 Irenäus Eibl-Eibesfeld, Liebe und Haß, R. Piper Verlag, München 1991 (10. Auf.), S. 88.

57 Albert Bandura, Gewalt im Alltag, in: Psychologie heute 7/1979, S. 24.

58 Gerhard von Rad, Das erste Buch Mose, Vandenhoeck und Ruprecht, Göttingen 1987 (12. Aufl.), S. 84.

59 Helmut Thielicke, a. a. O., S. 152.

60 William Backus/Marie Chapain, Befreiende Wahrheit, Projektion J. Verlag, Hochheim/Main 1983, S. 49.

61 Kurt Wolff, Der lange Atem, Neukirchener Verlag, Neukirchen-Vluyn 1984, S. 59.

62 William Backus/Marie Chapain, a. a. O., S. 48.

Stichwortverzeichnis